✝
J. M. J.

LE P. JOSEPH RIVIÈRE

DE LA COMPAGNIE DE JÉSUS

Missionnaire de la Kabylie et du Zambèze,
Elève de l'Ecole apostolique d'Avignon.

———

VIE ET SOUVENIRS

PAR

UN PÈRE DE LA COMPAGNIE DE JÉSUS

Consummatus in brevi, explevit tempora
multa. (Sap. IV, 13.)
Dans une courte vie, il a rempli une
longue carrière.

———

Se vend au profit de la Mission du Zambèze.

Prix : **2** fr. — Par la poste **2** fr. **25.**

———

LE PUY

TYPOGRAPHIE DE J.-M. FREYDIER
PRADES-FREYDIER, SUCCESSEUR
Place du Breuil.

———

1886

LE P. JOSEPH RIVIÈRE

VIE ET SOUVENIRS

J. M. J.

—

LE P. JOSEPH RIVIÈRE

De la Compagnie de Jésus,
Missionnaire de la Kabylie et du Zambèze,
Elève de l'Ecole apostolique d'Avignon.

———

VIE ET SOUVENIRS

PAR

UN PÈRE DE LA COMPAGNIE DE JÉSUS

Consummatus in brevi, explevit tempora
multa. (SAP. IV, 13.)
Dans une courte vie, il a rempli une
longue carrière.

———

Se vend au profit de la Mission du Zambèze.

———

LE PUY

TYPOGRAPHIE DE J.-M. FREYDIER
PRADES-FREYDIER, SUCCESSEUR
Place du Breuil.

—

1885

AVANT-PROPOS

E *Père Joseph Rivière a été emporté par la fatigue et la fièvre, le 19 juillet 1883, dans sa trente et unième année, dix mois après son ordination à la prêtrise, dès son arrivée à la Mission qu'il avait ardemment désirée et demandée.*

A part trois ans passés en Kabylie, dans l'emploi bien modeste d'instituteur primaire, toute la vie de ce jeune missionnaire s'est écoulée sur les bancs de l'école ou dans le silence et l'obscurité d'une maison religieuse. Il ne s'y trouve donc aucun, ou du moins fort peu de ces faits qui sont de nature à captiver par eux-mêmes l'attention, fort peu de ces actions qui fournissent matière à d'intéressants détails.

Pourquoi alors cette notice ?

Pour déférer aux instantes demandes des amis et des frères de ce religieux.

Aussitôt que la nouvelle de sa mort parvint en France,

ils exprimèrent le vœu qu'on racontât son histoire. Ce qui leur faisait souhaiter cette publication, ce n'était pas uniquement le désir de puiser, dans des pages où revivrait en quelque sorte sa physionomie sympathique, un adoucissement aux regrets causés par sa mort si précoce; ils pensaient qu'il y aurait profit pour les pieux lecteurs à savourer le parfum d'édification dont les vertus de leur saint ami les avaient si souvent embeaumés eux-mêmes.

Il leur semblait surtout que cette biographie aurait une utilité particulière pour les jeunes aspirants Missionnaires. C'est par son zèle à saisir toutes les occasions de faire le bien, à acquérir les vertus et les connaissances qui font le Missionnaire accompli, que le P. Rivière s'est surtout distingué. N'est-il pas, en cela même, le modèle spécial des pieux aspirants à l'apostolat! Modèle d'autant plus persuasif que ses exemples sont davantage à la portée de tous.

Nous avions eu le bonheur de vivre avec le P. Rivière tout le temps de son séjour à l'Ecole apostolique. Témoin et confident de ses vertus durant ces cinq années, nous lui étions resté uni par les liens d'une tendre affection. C'est ce qui nous a valu l'honneur d'être invité à esquisser cette notice.

Aurons-nous répondu à l'attente de ceux qui nous ont fait cet honneur? Hélas, nous sommes restés bien au-dessous de la tâche, personne ne le sent autant que nous. Il est pourtant un mérite qu'on ne nous contestera pas, celui de l'exactitude et de la simple vérité.

Nos propres souvenirs, confirmés par d'autres témoignages, les notes qu'ont bien voulu nous fournir ceux qui ont connu le P. Rivière, quelques lettres enfin de ce dernier, voilà uniquement les sources où nous avons puisé. Grouper ces éléments divers de façon à les exposer dans leur jour naturel, tel a été notre travail.

La pensée que la belle, mais si éprouvée Mission du Zambèze pourra bénéficier de cet humble travail nous a été un puissant encouragement. Indigne de donner à cette Mission nos sueurs et notre sang, ce nous est une consolation d'avoir essayé de lui rendre quelque service, si mince qu'il doive être. Daigne l'Infinie Bonté bénir nos efforts !

CHAPITRE PREMIER

HUIT kilomètres environ au Sud-Est de la petite ville de Nyons, dans le département de la Drôme, sur les pentes d'un coteau longeant une vallée que sa richesse et ses agréments ont fait surnommer la vallée d'or, s'élève gracieusement en amphithéâtre le village de Vinsobres

C'est là que vint au monde Joseph Rivière, à qui cette notice est consacrée.

Son père, Joseph Rivière, et sa mère, Marie Roche, furent très modestement pourvus des biens de ce monde. Une maisonnette dans le village et quelques arpens de terre cultivés à la sueur de leur front composent toute leur fortune. Mais à ces rigueurs apparentes la Providence mêla des compensations qui *bassent richesse :* la crainte de Dieu et la piété avec les bénédictions dont elles sont le gage.

L'une de ces plus remarquables bénédictions fut sans contredit la grâce de donner dans leur premier-né un ministre à l'Église, un apôtre aux pauvres infidèles.

Joseph Rivière naquit le 10 mai 1853. Toute sa vie il aima à se féliciter d'être venu au monde pendant le mois béni de Marie et d'avoir reçu pour patron, à son baptême, le glorieux Époux de l'Immaculée Mère de Dieu.

Sa première enfance eut le bonheur d'être entourée de soins chrétiens. Ses dignes parents comprenaient que leur premier devoir était de cultiver l'âme de leur enfant. Ce devoir leur apparaissait d'autant plus important, que la plus grande partie du village étant protestante, cette chère âme devait être exposée plus tard à de plus grands dangers. Ils ne négligèrent donc rien pour faire naître et développer dans ce jeune cœur une tendre et solide piété.

Ces soins d'une chrétienne tendresse reçurent leur récompense. Docile aux leçons de son père et de sa mère, le petit Joseph ne cessa de faire leur plus douce consolation.

Les premiers noms qu'il apprit à prononcer furent ceux de Jésus, Marie et Joseph. Il aimait à prier et la dévotion avec laquelle il priait montrait qu'il y mettait toute son âme.

Déjà aussi commençaient à se manifester les heureuses qualités de son caractère. C'était plaisir de voir son humeur toujours enjouée, sa bonne grâce à obéir, son empressement à rendre service.

Enfin, dès son bas âge, cet enfant de bénédiction témoigna pour tout ce qui est mal un éloignement comme instinctif. Aussi pensons-nous volontiers, et ceux qui ont connu intimement le P. Rivière ne nous contrediront pas, qu'il eut l'inappréciable bonheur de conserver l'innocence de son baptême.

Dès qu'il fût en âge de commencer à s'instruire, ses parents l'envoyèrent à l'école des Frères de la doctrine chrétienne. Il y resta jusqu'à sa première communion.

Ses progrès furent rapides : Son ardeur au travail le plaça bientôt aux premiers rangs de sa classe ; mais ce qui attirait principalement sur lui l'estime des maîtres et des élèves, c'étaient les qualités du cœur. La lettre suivante, du Frère qui était alors Directeur de l'école, en sera une preuve, entre bien d'autres. Elle est adressée à M. le curé de Vinsobres :

« Le petit Rivière était un écolier charmant. Je l'affectionnais beaucoup parce que je trouvais en lui bien des qualités précieuses : la piété, l'intelligence, un bon caractère, l'amour du travail, la docilité et une grande ouverture de cœur.

« Tous ses camarades l'aimaient. Souvent ils l'invitaient à leurs jeux innocents. Comme il était doué d'un esprit vif et d'un caractère enjoué, il apportait beaucoup d'entrain dans ces petites réunions et c'est un peu pour cela sans doute que l'on se plaisait tant avec lui.

« Mais, en outre de sa joyeuse humeur, il possédait une amabilité qui lui gagnait tous les cœurs et faisait rechercher sa compagnie.

« Plusieurs fois il m'est arrivé de le prendre moi-même pour m'accompagner dans mes visites et mes promenades du jeudi et toujours je me suis trouvé heureux de l'avoir à mes côtés. Sa gentillesse me faisait oublier les peines et les ennuis attachés à la charge d'instituteur.

« La piété chez lui, était franche, sincère et naturelle. Sa tenue à l'église était remarquable, par sa gravité, sa modestie et son recueillement. Aussi était-il pour tous un sujet d'édification.

« Enfant de chœur, il s'acquittait de cette charge avec un grand zèle. Il était d'une exactitude exemplaire à se rendre aux offices.

« Après sa première communion, Joseph eût bien voulu continuer à suivre la classe, car il avait autant de goût que d'aptitude pour l'étude ; mais on avait besoin de lui à la maison pour soigner son petit frère pendant que ses parents travaillaient aux champs. Ce fut une peine pour moi et un vrai sacrifice lorsqu'on le retira de l'école.

« Il m'arriva assez souvent de le rencontrer devant sa maison. J'étais charmé de voir avec quelle sollicitude il remplissait son emploi de gardien de son frère et comme il savait l'amuser et le distraire. »

Ainsi parle le bon Frère et son témoignage nous semble avoir une valeur particulière. Avancé en âge, dans sa longue carrière, en bien des endroits, il a vu passer des légions d'enfants sous ses yeux. Quelle impression lui avait donc faite le *petit Rivière* pour qu'il en eût gardé un si bon souvenir !

CHAPITRE DEUXIÈME

Vocation découverte. — Obstacles. — Œuvre providentielle.
Postulance. — Adoption.

N l'année 1866, dans le courant de l'automne, un religieux, jésuite de la résidence d'Avignon, le P. Justin Martin (1), vint prêcher une Mission à la paroisse de Vinsobres.

Peu de jours après son arrivée, dans une causerie familière avec M. le curé, il lui dit : « Permettez-moi de vous féliciter de vos enfants de chœur. Qu'il serait à souhaiter d'en trouver partout d'aussi édifiants! Il y en a un cependant qui me fait une impression singulière. Je le vois toujours rendu le premier aux exercices et le plus empressé à s'offrir pour servir ma messe. Sa modestie et son recueillement, son attention à écouter les prédications sont admirables. — Je vois de qui vous parlez, interrompit M. le curé. C'est du petit Joseph Rivière.

---

(1) Le P. Justin Martin est mort à Aix-en-Provence, le 27 septembre 1880, peu après les expulsions. Il dirigeait l'Œuvre de l'Adoration nocturne, établie par lui dans cette ville, quelques années auparavant. Il avait également fondé, à Bourg, l'Œuvre de la Garde d'honneur du Très Saint-Sacrement

Vous avez raison. Cet enfant n'est pas ordinaire, et
souvent la pensée m'est venue qu'il a tout ce qu'il
faut pour devenir un excellent prêtre; mais je ne
vois pas le moyen de le faire instruire. Ses parents
sont pauvres, nos familles catholiques aussi, et le
Séminaire diocésain n'est pas en mesure d'augmenter
le nombre de ses élèves gratuits. — Il me vient une
idée, reprit le Père, je vais examiner sérieusement
cet enfant, et si le résultat répond à mon attente,
la Providence, je l'espère, ne nous fera pas défaut. »

Le missionnaire prend l'enfant à part. Après
quelques instants d'un entretien, dans lequel Joseph,
sans s'en douter, fit preuve d'une grande vivacité
d'esprit et d'une remarquable justesse de jugement.
« Voyons, lui dit le Père, aimeriez-vous à être
prêtre. — O mon Révérend Père, depuis ma première communion, j'y ai pensé bien souvent. Mais
ce n'est pas possible. — Et pourquoi l'état de
prêtre vous plairaît-il? — Parce que j'aimerais
davantage le bon Dieu et que je convertirais du
monde. — Bien, mon enfant; mais lequel préfère-
riez-vous? Être curé dans votre diocèse ou missionnaire allant prêcher de côté et d'autre, même chez
les sauvages? — O mon Père, un missionnaire doit
faire plus de bien. Je préférerais être missionnaire.
— Mais, mon enfant, quitter votre pays, dire adieu
à vos parents, est-ce que cela ne vous coûterait pas?
— Sans doute, mon Père, mais il y aurait aussi plus
de mérite. — Vous seriez prêt à faire ce sacrifice

maintenant même ? — Oui, mon Père. — Eh bien !
écoutez ceci :

« Je connais, à Avignon, une école récemment
fondée, en faveur précisément des jeunes gens qui
veulent devenir missionnaires. Ceux dont les parents
ne peuvent payer la pension, on les reçoit gratuitement. Si l'on voulait bien vous y admettre, seriez-
vous content ? — O mon Père, quel bonheur ! —
Mais, faites attention ! Le règlement est sévère. On
ne garde que les enfants parfaitement sages ; et puis
les élèves ne vont pas passer leurs vacances auprès de
leurs parents. Vous ne reviendrez au pays que dans
plusieurs années et seulement pour faire à votre
famille vos derniers adieux. Vous sentez-vous le
courage d'offrir au bon Dieu tous ces sacrifices ? —
Oui, mon Père, le bon Dieu m'aidera. — Vous avez
raison, cher enfant, Dieu vous viendra en aide et,
avec sa grâce, les sacrifices vous seront non seulement possibles mais pleins de douceur. Allez,
je vais m'occuper de vous. Priez bien le bon Dieu
et la sainte Vierge. Un jour, je l'espère, vous serez
missionnaire. »

Rendre l'émotion de l'enfant au sortir de cette
entrevue serait difficile. « Je serai missionnaire ! »
Cette pensée ne le quittait plus. Elle le poursuivait
au pied des autels, dans ses allées et venues et
jusque dans son sommeil.

Le P. Martin ne voulut pas attendre son retour
à Avignon pour négocier l'admission de son pro-

tégé. Il écrivit le jour même au P. Directeur et, sur
les excellents renseignements qui appuyaient la
demande, la réponse favorable arriva assez tôt pour
lui permettre d'amener lui-même l'aspirant missionnaire.

Comment cette réponse fut-elle accueillie par la
famille? Joseph ne se possédait pas de joie. « Je
serai prêtre et missionnaire, quel bonheur! » allait-il
répétant à ses jeunes camarades.

Et les parents comment reçurent-ils la décision?
Joseph était leur aîné. Il avait été jusqu'alors le
charme de leur foyer. On avait compté sur lui pour
en être à l'avenir l'honneur et le soutien. Certes,
pour le père et la mère le sacrifice était grand ; mais
plus grande encore était leur foi. Le sacrifice fut fait
généreusement.

Quelques jours après, le petit Joseph, les yeux
brillants de larmes, le cœur bien gros, mais, au
fond, parfaitement résolu, prenait le chemin d'Avignon, accompagné des bénédictions de ses bons
parents et de M. le curé. Son départ fut comme un
évènement dans le village. On put voir alors quelle
estime et quelle affection ce jeune enfant avait su se
concilier.

Ce fut le 12 novembre 1866 qu'eut lieu l'entrée
de notre cher Joseph à l'École apostolique. Il avait
treize ans et demie.

En abordant le R. P. de Foresta, la timidité, le

respect, le manque d'usage donnaient au petit cam-
pagnard un air assez embarrassé. Mais quand il vit
le bon Père lui tendre les bras et qu'il se sentit
pressé sur son cœur, sa physionomie reprit vite son
expression ordinaire d'aisance et de contentement.

Après les premiers moments d'entretien : « Venez,
mon enfant, dit le Père, rendre vos devoirs aux premiers supérieurs de l'École, » — et le conduisant à
la chapelle : « Sachez et rappelez-vous toujours que
l'École apostolique est, à un titre spécial, la famille de
Jésus, Marie, Joseph. Vous allez donc les remercier,
de tout votre cœur, de la grande faveur qu'ils vous
font de vous y admettre. Renouvelez à leurs pieds la
résolution de vous consacrer tout entier à leur service;
nous leur demanderons ensemble la grâce de votre
persévérance. »

Au sortir de la chapelle, l'enfant est conduit au
milieu de ses condisciples qui accourent pour donner
à leur nouveau frère le baiser de bienvenue. Joseph
est de plus en plus ému. Il sent, par ce touchant
accueil, que déjà se réalise pour lui la promesse
du Sauveur à ses Apôtres. En attendant la couronne
éternelle, il commence à recevoir le centuple de
ce qu'il a quitté. Son cœur est inondé de consolations.

Tout fut-il contentement et joie sans mélange
dans les débuts de la postulance? Non, sans doute.
Séparé brusquement de ce qu'il avait légitimement
et tendrement aimé jusque-là et jeté tout à coup
dans un milieu tout nouveau, il eut certainement

des moments d'angoisse et de douloureux serre-
ments de cœur, mais ces crises de la nature furent
passagères. La variété des occupations, les attentions
charitables des Pères et des condisciples, l'énergie
surtout de sa volonté, secondée de la grâce, l'aidèrent puissamment à en triompher.

Il n'eut, d'abord, que le simple titre de postulant.
Avant l'admission définitive d'un élève, les directeurs
jugent prudent de s'assurer, autant que possible,
qu'il réunit les conditions exigées. Ils ont besoin de
constater en lui cet ensemble d'aptitudes de corps,
d'esprit et de cœur qui, sans constituer encore une
certitude absolue de la vocation, en donnent au
moins une assurance morale. Pour cela, il faut laisser
au postulant le temps de faire ses preuves.

Cette période de première probation n'eut pas
besoin d'être prolongée pour Joseph. Peu de mois
après son entrée, en récompense de sa bonne volonté, et comme encouragement à de nouveaux
efforts, il recevait un titre plus enviable à ses yeux
que ne le sont pour les mondains les distinctions les
plus honorifiques : le titre d'apostolique qui l'enrôlait
définitivement dans la famille des jeunes aspirants
Missionnaires.

A peu près vers cette époque, une autre faveur
lui fut faite bien propre à toucher son excellent cœur
et dont l'influence devait être grande sur son avenir.
Qu'il nous soit permis d'en dire un mot.

Confiant en la divine Providence, le Père de
Foresta avait reçu Rivière gratuitement. Mais la dé-

licatesse du Père Martin qui, l'on s'en souvient, avait recruté cet apostolique, ne s'accommodait pas de la situation. La pensée que cet enfant était une charge pour l'Ecole dans les circonstances difficiles de ses débuts, était un tourment pour son cœur. Il ne put se donner de repos, qu'il n'eût trouvé une personne charitable en état de prendre à sa charge les frais de l'éducation de Joseph.

Le Ciel, bénissant ses actives démarches, le mit en rapport avec une Religieuse des Dames de la Retraite, en qui brûlait un vrai cœur d'Apôtre. Avoir pour Notre-Seigneur Jésus-Christ sacrifié de brillantes espérances terrestres, se dépenser tous les jours dans les exercices de la prière et de la charité spirituelle ne suffisait point aux ardeurs de cette âme généreuse.

Elle était à la recherche des moyens de participer, le plus parfaitement possible, aux grandeurs et au mérite de l'Apostolat. Ce fut dans ces circonstances que le Père Martin eut l'occasion de lui faire connaître la nouvelle Œuvre fondée par le Père de Foresta. De suite, elle saisit la portée de cette Œuvre et vit que, du même coup, elle obtenait, autant que la chose est possible, deux résultats inappréciables : venir au secours des Missions en ouvrant à un plus grand nombre la carrière de l'Apostolat et, en même temps, offrir aux âmes charitables le moyen de participer elles-mêmes aux travaux et aux mérites des apôtres.

Inutile de dire comment fut accueillie par la

Religieuse une Œuvre qui répondait si bien à ses désirs intimes. Elle accepta, comme une grande faveur, d'être la protectrice du protégé du Père Martin.

Le bienfait de l'adoption ne se borna point aux dépenses de l'éducation de *son apostolique*. Entre celui-ci et sa mère adoptive s'établirent des relations directes de charité et de reconnaissance. La Bienfaitrice avait-elle à obtenir, pour elle ou pour d'autres, une grâce importante? Vite, elle faisait appel à la ferveur de Rivière. Celui-ci en usait de même à son profit particulier; et nul doute que, par cet échange de prières, l'un et l'autre n'aient obtenu des grâces spéciales.

Avec une simplicité filiale, l'apostolique mettait la Religieuse au courant de tout ce qui le concernait, et la Religieuse répondait par des lettres où les ardeurs de l'affection maternelle ne le cèdent qu'à celles de la piété.

Plus tard, quand l'apostolique sera devenu Missionnaire, tout ce qui pourra l'aider dans son Apostolat, fidèle à une promesse qu'il a dû faire, il le demandera à sa seconde mère. Enfin, circonstance touchante! La dernière lettre que sa main tracera, sera pour cette seconde mère.

CHAPITRE TROISIÈME

Le vrai apostolique. — Vertus de Joseph Rivière.

DANS la cérémonie religieuse de son admission définitive à l'Ecole, Joseph Rivière, prosterné au pied de l'autel, promit de travailler sans relâche à devenir un parfait aposto'ique. C'était le moyen sûr et nécessaire de réaliser le grand objet de son ambition : être un jour un saint Missionnaire. Il le comprenait : aussi cette promesse qu'il avait faite dans toute la sincérité de son âme, apporta-t-il toute l'énergie de sa volonté à la bien remplir. On pourrait, à cet égard, s'en tenir aux courtes lignes suivantes d'un excellent juge, le directeur spirituel de Rivière, à cette époque.

« Je puis dire que, dès lors, on voyait en cette âme d'enfant les germes des vertus qui se sont épanouies plus tard en Afrique et au Scholasticat et qui donnaient tant d'espérances à la Mission du Zambèze. »

Parlerons-nous de sa piété ? Qui ne sait que dans les Ecoles apostoliques cette vertu tient le premier rang et combien elle y est fervente ? Une piété qui ne serait que commune y trancherait bien vite à son désavantage sur la ferveur générale ; mais, par là même, c'est un des points en lesquels il est plus difficile de surpasser le grand nombre.

Montrer que Joseph y parvint, c'est, en deux mots, faire de sa piété le plus bel éloge. La preuve est aussi facile à donner que convaincante.

Un des moyens les plus efficaces qu'employèrent les Directeurs de l'Ecole apostolique pour développer la piété de leurs élèves et les porter à la pratique généreuse de toutes les vertus, ce fut, à l'imitation de ce que font leurs confrères dans les collèges de la Compagnie, d'établir une Congrégation sous le patronage spécial de la très sainte Vierge.

Les apostoliques les plus fervents et les plus exemplaires peuvent seuls prétendre à faire partie de cette famille choisie de la Reine des Apôtres. Il faut, non seulement des efforts généreux, mais encore de longs mois de persévérance avant de conquérir le noble titre de Congréganiste. Combien en est-il qui voient se prolonger leur épreuve longtemps après le terme fixé par les règlements ! Eh bien ! ce terme ne fut pas plutôt arrivé pour Joseph Rivière, que le suffrage à peu près unanime des dignitaires de la Congrégation lui décernait la faveur si ardemment enviée.

Une autre preuve de sa piété était sa conversation. Deux sortes de matières en faisaient l'objet habituel : les sujets de piété proprement dits et les Missions. L'amour de Notre-Seigneur, les grandeurs et les amabilités de la très sainte Vierge, les bontés de saint

Joseph, le bonheur d'être Missionnaire, tels étaient les thèmes favoris de ces entretiens.

Il parlait simplement, sans prétention aucune, mais avec un entrain et une pointe d'originalité qui faisaient goûter un vrai plaisir à l'entendre. Des histoires qu'il excellait à raconter achevaient de donner de l'intérêt à ces conversations.

Plusieurs de ses condisciples avaient demandé la permission d'avoir Joseph pour Ange gardien. A ce titre, il devait les surveiller partout, observer leurs défauts pour les leur signaler en temps voulu. Il s'acquittait de la fonction avec zèle et rondeur. Ce qu'il avait remarqué, il le disait, avec ménagement sans doute, mais sans rien dissimuler. Aux observations, il ajoutait d'affectueux encouragements, accompagnés de divers moyens de se corriger. Chacun le quittait aussi édifié de sa franchise que de sa charité.

Sa charité! Qu'en dire pour en donner une idée? C'était là vraiment le trait dominant de la vertu de Joseph Rivière. Elle éclatait en toute occasion.

Quand arrivait un nouveau, on voyait Rivière parmi les plus empressés à lui rendre service. Veiller à ce qu'il fût pourvu de tout ce qui lui était nécessaire, le mettre au courant des usages, chercher à l'égayer et à le distraire s'il le voyait triste, en récréation, aller à sa rencontre, s'offrir à jouer avec lui, enfin, il n'était sorte d'attentions délicates et affectueuses qu'il ne lui témoignât, jusqu'à ce qu'il l'eût vu tout à fait habitué.

Un élève venait-il à tomber malade ? Rivière demandait la permission d'aller le visiter et de lui tenir compagnie pendant la récréation. Il s'offrait à l'infirmier pour tous les services dont il pouvait avoir besoin.

Obliger, se rendre utile, semblait être son plus grand bonheur. C'est ici surtout qu'abondent les témoignages de ses condisciples. Citons au hazard :

« En toute occasion, on le voyait heureux de se dévouer pour les autres. Les jours de congé, par exemple, lorsque nous allions dîner dehors, il était toujours le plus empressé à s'offrir pour charger et décharger la voiture, préparer la table et servir pendant le repas. A la manière dont il s'acquittait de ces services, il était aisé de voir que sa charité y trouvait du plaisir.

« — Lorsque je vins à être chargé de la direction des travaux manuels, je trouvais toujours le petit Rivière prêt à tout ce que je lui demandais. Y avait-il quelque travail plus pénible ou moins agréable, c'était celui-là qu'il acceptait avec plus d'empressement. Il y sacrifiait volontiers ses récréations. »

On l'avait adjoint au Frère pour l'aider dans le service de la lingerie ; service pénible, très compliqué surtout, exigeant des soins minutieux et de tous les jours. Joseph y devait sacrifier la plus grande partie de ses récréations, quelquefois même les promenades. Cette charge d'obscur et fastidieux dévouement, il l'exerça plusieurs années, toujours avec le même zèle, sans jamais témoigner le désir d'en être relevé. Et il était arrivé à s'en acquitter avec tant de savoir faire, que le Frère, lorsque ses occupations l'appelaient ailleurs, pouvait, en toute sécurité, s'en remettre aux soins de son aide.

Dans ce dévouement, déjà bien beau en lui-même de notre jeune écolier, il y avait un caractère qui achevait de le relever. Il était sans calcul et absolument désintéressé. Pour obtenir un service de Rivière, jamais il ne fut besoin de faire luire à ses yeux l'espoir de la moindre récompense. Pendant qu'il eût l'intendance de la lingerie, il lui eût été facile de s'adjuger à lui-même ce qu'il y avait de meilleur. C'était le contraire qui arrivait. Il semblait se réserver ce que le vestiaire avait de plus grossier et de plus usé.

Sa charité en agissait de même à table, lorsqu'il fut chef de carré. Quand il avait à servir les plats, sa portion à lui était la moins appétissante ou la moins copieuse.

Attentive à obliger le prochain, la charité de Rivière avait en horreur ce qui était de nature à le blesser, comme les médisances, les railleries, les disputes, etc. Il prenait rondement la défense de ceux que l'on attaquait. Dans la chaleur des jeux, il arrivait parfois que des discussions s'élevaient et menaçaient de dégénérer en disputes. Ardent plus que bien d'autres, volontiers Rivière eut fait sa partie dans la contestation. Mais il avait un secret à lui pour se calmer et calmer les autres. C'était une plaisanterie ou simplement un grand éclat de rire. La dispute était finie. On ne pensait plus qu'à rire avec lui.

S'interdire à l'égard des autres la plaisanterie blessante, la charité le fait sans trop de peine ; ce qui est autrement difficile, c'est de la subir paisiblement soi-même.

Le manque de tact, pardonnable à des écoliers d'une éducation encore incomplète, fournit, plus d'une fois, à Joseph, l'occasion de montrer que sa charité s'élevait à ce degré plus méritoire : la patience dans l'humiliation.

« J'ai plusieurs fois admiré sa vertu, sa patience surtout, dépose un de ses anciens condisciples. Prenant prétexte d'une chose ou de l'autre, certains élèves se laissaient parfois aller, aux dépens de Joseph, à des réflexions plus ou moins piquantes qui excitaient l'hilarité générale. Or, je ne me rappelle pas l'avoir jamais vu se fâcher. Il acceptait même la chose de la meilleure grâce du monde et était le premier à en rire. Il me paraissait déjà insensible à la vanité. Dans ses paroles et dans sa manière d'agir on voyait qu'à ses yeux, louanges et gloire humaine étaient des enfantillages et des bagatelles indignes d'occuper un seul instant le cœur d'un apôtre. »

Il y avait, toutefois, des plaisanteries qu'il ne se résignait point à supporter.

Un jour de grand congé, par je ne sais quelle

maladresse du cuisinier, le service du dîner ne se trouva pas répondre à l'attente des appétits. Pendant la promenade qui suivit, dans un groupe dont Joseph faisait partie, un élève se laisse aller, au sujet de sa déception gastronomique, à des facéties qui frisaient le murmure. Joseph trouve la chose de mauvais goût, dans la bouche surtout d'un apostolique. Il ne put se contenir. Innocenter le pauvre cuisinier ne lui paraît point suffisant. « Après tout, dit-il, l'école est un apprentissage des Missions. Quand nous serons avec les Sauvages, il faudra bien nous contenter de moins. Nous devons être heureux d'avoir quelques occasions de nous habituer aux privations. »

Le mécontent se tut. Heureux si la leçon lui eût servi ! Hélas ! quelque temps plus tard, une tentation vulgaire vint montrer une fois de plus combien est exposée une vocation à qui manque le fondement de l'abnégation de soi-même.

CHAPITRE QUATRIÈME

Le vrai apostolique (suite). — *Qualités et défauts du P. Rivière.*
Choix de vie. — *Attachement à l'École.*

OUS l'avons déjà vu, Joseph Rivière, pendant sa première enfance, était l'objet de l'affection générale de ses camarades de village. Il en fut bientôt de même à l'École apostolique.

Cette affection, cet empire réel qu'il exerçait sur les cœurs à quoi en était-il redevable? On sera peut-être tenté de l'attribuer, en bonne partie du moins, à certains avantages physiques : un extérieur séduisant, par exemple, une taille élevée et élégante, une belle voix, que sais-je? Erreur. Sous ces rapports, Joseph était des moins favorisés. Une taille notablement au-dessous de la moyenne, des traits de visage peu réguliers et assez rudes, un timbre de voix perçant mais peu harmonieux, une tournure générale quelque peu rustique, tel était Joseph au physique. Le premier abord lui était défavorable. Avec une âme ordinaire, il eût éloigné plutôt qu'attiré. Mais cette impression passait vite. Son front candide, son regard intelligent et limpide, son air ouvert, éveillé, résolu, modeste cependant, faisaient promptement

deviner sous cette écorce, quelque peu rude, une âme
richement douée.

Après quelques jours de contact, le difficile n'était
pas de s'expliquer la sympathie qui attachait à Rivière, mais de ne pas la ressentir soi-même. Et ce
ne sera pas à la fleur de l'âge et à l'École apostolique
seulement qu'il jouira de cette puissance d'attraction.
Partout où il passera, les cœurs viendront à lui,
attirés par les charmes réunis de la vertu et du caractère.

Nous venons d'esquisser les vertus et les qualités
principales de notre jeune apostolique. Et ses défauts,
n'en dirons-nous rien? En était-il exempt? Non; il
en avait sa part et notre intention n'a jamais été de
les passer sous silence.

Les tentations du démon mises à part, Joseph
Rivière trouva dans son naturel tout seul, matière
à de nombreux combats.

Pour ne parler que des défauts apparents, sa
volonté énergique, ardente, supportait malaisément
la résistance; il était, par caractère, attaché plus que
de raison à ses idées, et sacrifier sa manière de voir
lui coûtait d'autant plus que ses intentions étaient
droites.

De là, chez notre cher Joseph, des tendances bien
prononcées à la brusquerie, à l'impatience, au
dépit, à l'indocilité même. Bien souvent, à n'en
pas douter, des luttes violentes se livrèrent dans son
cœur.

N'eût-il jamais de défaites à déplorer? C'est moins

que probable. Mais que de victoires il dut remporter pour en arriver à cette amabilité constante de caractère que tous ont admirée ! Et quels témoignages éloquents de sa vertu que ses triomphes sur lui-même et sur ses défauts !

Il y avait cinq ans que Joseph Rivière édifiait l'École apostolique par les vertus qui présagent les saints missionnaires. Ce court espace de temps lui avait suffi pour atteindre, non sans honneur, le terme d'une carrière que la généralité des étudiants met six années au moins à parcourir. Il allait finir sa rhétorique. Le moment était venu pour lui de traiter une affaire de grave importance : fixer la direction que devait prendre sa vie.

Poursuivrait-il le dessein qui l'avait amené à l'École où bien allait-il s'arrêter à une voie moins pénible, celle, par exemple, de prêtre dans le clergé séculier ? S'il persévérait dans l'intention de se vouer à l'apostolat, à laquelle des diverses milices apostoliques se donnerait-il ? Tels étaient les deux termes du problème à résoudre. Le premier n'offrit pas l'ombre d'une difficulté. Joseph n'avait jamais varié dans sa résolution de se faire missionnaire. Il s'y sentait plus ferme que jamais. Tout se bornait pour lui à décider quel Ordre ou quelle Congrégation il devait embrasser. Après un sérieux examen et de ferventes prières, son attrait persévérant pour la Compagnie de Jésus lui parut être l'expression de la volonté de Dieu.

Aux vacances donc de l'année 1871, dans les

premiers jours de septembre, il dit adieu à Avignon et retourna dans son cher village de Vinsobres qu'il n'avait pas vu depuis son entrée à l'école.

Deux ou trois semaines après, il s'arrachait généreusement aux embrassements de son père, de sa mère et de son jeune frère, et allait, de ce pas, à Lons-le-Saunier, se présenter au Noviciat.

Avant de l'y suivre, on aimera peut-être à connaître les sentiments dans lesquels il quitta l'École.

Entre les bénédictions de l'École apostolique, la plus manifeste, à notre avis, c'est l'affection que lui gardent ses élèves. Une mère n'est pas plus aimée de ses plus tendres enfants.

Joseph Rivière avait à un degré peu commun ces sentiments d'affection filiale. Maintes fois, il en avait donné des preuves pendant le cours de ses études. Ses larmes, quand il lui fallut se séparer de ses Pères et de ses Frères, en étaient un touchant témoignage. La suite montra combien cette affection et cette reconnaissance étaient sincères et profondément gravées dans son cœur.

Au Noviciat et davantage encore plus tard, ses journées étaient remplies de façon à rendre impossible, ce semble, toute autre occupation. Il trouvait cependant le temps d'écrire plusieurs fois l'année, soit au Directeur de l'École, soit aux élèves. Et quelles lettres! quel attachement y éclatait, quelle reconnaissance! quel désir d'être tenu au courant de tout ce qui pouvait intéresser l'École qu'il se plaisait à appeler son berceau chéri, sa tendre mère.

Dans un petit cahier dont il ne se sépara jamais et qu'on trouva sur lui à sa mort, Joseph avait religieusement consigné, avec leur date, les principales grâces dont il se reconnaissait redevable à la bonté divine. Aux premières lignes de ce pieux mémorial on lit : *26 novembre 1866, entrée à l'École apostolique.*

L'honneur de l'École lui était extrêmement à cœur. S'en montrer digne, autant que possible, était un des aiguillons qui le poussaient aux grandes choses. Lui arrivait-il de recevoir de ses Supérieurs quelque marque de confiance, la pensée de l'honneur qui en revenait à l'École était une de ses plus douces récompenses.

Une des consolations qu'il sentira le besoin de confier à sa bienfaitrice, c'est qu'au Zambèze, il aura le bonheur de travailler avec des apostoliques qui déjà l'y ont précédé; c'est de savoir que d'autres se préparent à aller l'y rejoindre.

Enfin, le 12 mars 1882, un an avant son départ, il écrivait à cette même bienfaitrice : « Si Notre-Seigneur me prête vie, je suis résolu à solder toutes les dettes que j'ai contractées depuis seize ans. »

Vers qui se portait, en ce moment, la pensée du généreux missionnaire? Vers l'École apostolique évidemment, au moins en première ligne.

CHAPITRE CINQUIÈME

Le Noviciat. — Le Juvénat. — Un grand sacrifice.

E P. Rivière fut un excellent novice. Dès son entrée au Noviciat, on le vit apporter à l'œuvre de sa sanctification une ardeur et une générosité sans réserve. Ses progrès étaient remarqués par tous ses confrères. L'un d'entre eux a écrit plus tard : « Si l'on pouvait retrouver les papiers de cet excellent missionnaire, on aurait assurément matière à une notice intéressante et édifiante. »

Hélas ! ces papiers précieux qui nous auraient permis de suivre le merveilleux travail de la grâce dans le cœur du fervent novice, nous les avons vainement cherchés.

Le missionnaire auprès de qui nous espérions les trouver, nous a répondu :

« Les écrits ascétiques du bon P. Rivière n'existent plus ; du moins je ne les ai point trouvés dans les quelques feuilles détachées, restées en mon pouvoir, et que je vous envoie.

« Je sais que ce fervent religieux avait des cahiers précieux où il recueillait les lumières que Notre-

Seigneur lui donnait, les généreux désirs qui faisaient battre son cœur d'apôtre et les bons propos
d'une vie parfaite. Je n'ai rien retrouvé de ces
écrits. Que sont-ils devenus? S'il ne les avait pas
détruits avant sa venue au Zambèze, ils auront été
volés en route dans une valise qui, j'ai tout lieu de
le croire, a été soustraite par les mariniers, pendant
que le Père gisait, brisé par la fièvre, dans son
canot. »

Si regrettable que soit cette perte, elle ne nous
ôte pas, Dieu merci, la consolation de connaître
l'état spirituel de notre cher missionnaire, soit pendant son Noviciat, soit après. Le témoignage seul
de ceux qui l'ont vu de près peut suffire à notre
édification.

Un de ses anciens confrères du Noviciat, prêtre
aujourd'hui, mais qui désire garder l'anonyme, nous
a écrit ce qui suit :

« Le P. Rivière édifiait tout le monde; quant
à moi j'ai recueilli de grands avantages de sa conversation. Il avait une piété vraiment solide et un
immense amour de Notre-Seigneur et des âmes. Ces
sentiments se trahissaient dans toutes ses paroles. »

Un autre confrère, le P. Courtois, maintenant
missionnaire du Zambèze, s'exprime ainsi :

« Vous me demandez des détails sur le regretté

P. Rivière. Voici quelques notes intimes que je tiens de mes relations avec cet aimable Père, heureux si je pouvais vous aider à faire mieux connaître cette âme angélique et si bien faite pour les grandes choses.

« J'ai connu intimement le P. Rivière au Noviciat. Tout le temps il m'édifia singulièrement par sa gravité, sa piété et sa régularité. Sa charité était expansive et universelle. Il montrait en tout de l'entrain et du savoir faire. C'était un homme d'ordre. Exerçant les fonctions de substitut (préposé à la garde-robe), il tenait tout dans un ordre parfait et était toujours prêt à servir ses Frères. Je l'ai vu raccommoder, durant une journée entière, une paire de pantoufles qu'un de ses confrères avait mises en pièces.

« Dans les exercices littéraires du Noviciat, il parlait de l'abondance du cœur, principalement quand il s'agissait du salut des âmes et de la charité fraternelle. Un jour il y avait eu exercice académique en l'honneur de la fête du R. P. Maître. Au sortir de la séance, le Père Supérieur demanda à un des Pères, ce qu'il pensait de la pièce composée et déclamée par tel novice : « C'est très bien, répondit le Père, « on ne saurait mieux penser ni mieux dire. » Ce novice était le F. Rivière.

« Il me revient encore en mémoire un trait qui peint, ce semble, assez bien la vertu mâle et généreuse du jeune novice. C'était pendant qu'il était chargé de distribuer les menues fournitures. Un

Frère, nouvellement arrivé, vient lui demander une discipline. Le F. Rivière prend la première venue et la lui donne. Le novice revient le lendemain : « Cette discipline a des nœuds bien durs, dit-il, « voudriez-vous avoir l'obligeance de me l'échanger « contre une autre ? » Cette demande attrista le F. Rivière, et ne maîtrisant pas son émotion : « Mon cher Frère, répondit-il, si vous ne pouvez « supporter cette discipline, c'est fâcheux ; mais alors « êtes-vous fait pour la Compagnie ? »

L'évènement fit de cette réponse une prédiction. A quelque temps de là, le novice délicat s'en retournait dans sa famille.

Mais quel besoin est-il d'en appeler au témoignage des confrères de Joseph ? Une ligne du pieux mémorial dont il a été parlé au chapitre précédent nous en apprend plus que toutes leurs dépositions. Cette ligne la voici : *Vœux de dévotion le jour de la fête de saint Stanislas.*

Que signifient ces quelques mots ? Ils nous disent deux choses : premièrement que le F. Rivière, impatient de consommer son holocauste, avait conjuré les Supérieurs de lui permettre de devancer le terme réglementaire ; secondement, que ses Supérieurs le jugèrent digne de cette faveur exceptionnelle plus de dix mois avant la fin de son Noviciat. La demande et l'octroi de cette faveur sont également une attestation surabondante de la vertu du novice.

Le 15 septembre 1873, il avait le bonheur

d'émettre devant ses Frères du Noviciat, ses vœux proprement dits.

Le lendemain, il passait au Juvénat pour y suivre le grand cours de littérature. Il y était depuis huit mois, lorsque la nouvelle se répandit dans la maison que les Supérieurs allaient envoyer un juvéniste en Kabylie, dans la tribu des Beni-Fraoucen, pour prêter main-forte aux deux missionnaires qui venaient d'y ouvrir une école. Le poste demandait du dévouement, une grande abnégation, une vertu à l'épreuve.

Pendant plusieurs jours, aucun des jeunes religieux ne connut sur qui était tombé le choix de ses Supérieurs. Chacun devait se tenir prêt à obéir et tous, sans doute, avaient pris généreusement leur parti. Le F. Rivière le fit aussi, comme on le pense bien ; mais, chose singulière, dont plusieurs de ses Frères intimes eurent plus tard la confidence, avec une forte répugnance naturelle. Quelle en était la cause ? Le regret d'interrompre ses études et de voir par là même retardée l'époque de sa prêtrise ? Une impression de dégoût pour l'emploi de maître d'école élémentaire auprès des Kabyles ? Il est incontestable qu'à ces deux points de vue, la perspective n'avait rien de fort séduisant, humainement parlant. Néanmoins, ce n'était pas là ce qui coûtait au jeune Frère.

Le sujet de sa peine était la crainte d'être obligé de renoncer à une mission qui, depuis longtemps, avait toutes ses préférences : la Mission de la Laponie.

Il était sous cette impression lorsqu'arriva la fête du Sacré-Cœur. Pendant la sainte Messe, le F. Joseph, le cœur déjà embrasé par une méditation fervente, demandait au Cœur adorable de son divin Maître de daigner agréer l'offrande qu'il lui faisait de tout son être et de tout ce qu'il pouvait avoir de plus cher. Tout à coup la mission de la Kabylie vint à passer devant son esprit avec la pensée qu'il pourrait bien être celui qui va y être envoyé. Cette pensée produit tout d'abord un redoublement de répugnance. Que fait le Frère? Prenant son cœur à deux mains : « Mon Dieu, dit-il, si c'est votre volonté, me voilà prêt à obéir. Mieux encore : pour reconnaître autant que je puis, l'amour de Votre Cœur adorable, voici la prière que je vous adresse : Daignez l'exaucer. Faites que ce soit moi que les Supérieurs désignent pour aller en Kabylie. »

L'effet de cette prière généreuse ne se fit pas attendre. Le Frère sentit qu'une grâce extraordinaire descendait dans son âme et, dès ce moment, il eut la douce conviction qu'il était exaucé; conviction si intime que lorsque le soir même, arriva la dépêche du Révérend Père Provincial : « Envoyez le F. Rivière, il put dire : Je le savais. »

Cette journée demeura gravée dans le cœur du bon Frère. Le souvenir de cette victoire sur lui-même et de sa destination pour la Kabylie, le jour de la fête du divin Cœur de Jésus, fut une des grandes consolations de sa vie et la source d'une invincible confiance.

CHAPITRE SIXIÈME

Premiers essais de Mission en Kabylie.

VANT de suivre le F. Rivière sur le théâtre où l'obéissance l'envoie, le lecteur aimera sans doute à connaître à la suite de quelles circonstances la Compagnie de Jésus accepta un établissement de ses Missionnaires au sein de la Kabylie.

Ce fut en 1873 seulement que les Jésuites allèrent s'établir en plein pays Kabyle. Les indigènes avaient eux-mêmes, à diverses reprises, sollicité la présence des Pères, mais leurs instances n'avaient jusqu'alors rencontré que des oppositions.

A quelle occasion se produisit la demande des Kabyles? Par qui et pourquoi fut-elle *refusée*? Comment ensuite finit-elle par être accordée?

Une réponse à ces questions est nécessaire pour apprécier la situation difficile des missionnaires. Nous la ferons aussi brève que possible en nous appuyant sur les écrivains qui ont traité la matière. Nous consulterons principalement l'ouvrage intitulé :

La Kabylie et le peuple Kabyle, par le P. Joseph Dugas, de la Compagnie de Jésus (1).

Cet ouvrage, fruit des plus consciencieuses études, a été composé sur les lieux et dans le temps même où le F. Rivière s'y trouvait.

Quatre ans après la conquête de la Kabylie, sur les instancss de Mgr Pavy, évêque d'Alger, le gouvernement s'était enfin décidé à reconnaître officiellement une paroisse pour la garnison militaire du Fort-National et pour le petit noyau d'Européens qui étaient venus s'implanter à l'ombre du drapeau français. La cure, occupée d'abord par un ecclésiastique séculier, fut, deux ans après, remise au P. Creuzat, jésuite (2).

Ce prêtre, véritable cœur d'apôtre, vint avec la pensée qu'il devait être le débiteur de tous et que le troupeau confié à sa sollicitude ne comprenait pas uniquement la mince portion de son peuple baptisée. Pouvait-il n'avoir pas un regard pour ces pauvres brebis sans pâturages et sans pasteur, dont regorgeaient les villages innombrables parsemés sur tous

(1) Un volume in-12 avec cartes géographiques et dessins. Paris, Lecoffre, 1877.

(2) Le P. Jean-Baptiste Creuzat, un des premiers apôtres de l'Algérie où il passa, pour ainsi dire, toute sa vie sacerdotale. Dans les postes importants qu'il a occupés, il a été constamment l'objet de la vénération générale par son zèle, sa charité, sa modestie angélique, son affabilité et la sainteté qui rayonnait sur toute sa personne. Ab-del-Kader l'avait en grande estime. Réfugié à Marseille, après les décrets d'expulsion, il y est mort le 8 novembre 1884.

les pitons d'alentour? D'ailleurs, essayer d'ouvrir avec les tribus quelques relations de charité, n'était-ce pas servir les intérêts de la terre non moins que ceux du ciel, faire acte de patriotisme aussi bien que d'humanité et de zèle chrétien? Ainsi, du moins, pensa-t-il. Ainsi lui avait dit d'agir l'Evêque, en l'envoyant. L'autorité du Fort, consultée au préalable, n'avait nullement opposé son veto. L'apôtre pouvait-il hésiter ?

Dieu parut bénir les débuts de l'entreprise. Les Kabyles comprirent bientôt que le toit de la cure abritait pour eux un ami tel que ni Mahomet, ni la France même n'en avaient encore mis sur leur route; car on aura beau être généreux, l'épée et le pantalon rouge inspireront toujours au vaincu plus de respect que d'amour. Tout ce qui avait faim, tout ce qui souffrait venait frapper à cette porte où l'on savait que la misère, la malpropreté, les plaies mêmes du vice n'étaient point repoussées.

Se faisant tout à tous, à l'exemple de l'apôtre, le Père et le bon Frère qui lui servait de sacristain, étaient devenus à demi Kabyles. Ils vivaient à la manière du pays, c'est-à-dire de fort peu; leurs économies généreuses leur permettaient d'avoir à peu près toujours de quoi donner pain, vêtements, remèdes, sans compter les bons conseils. Nul doute que plus d'un de ces intraitables montagnards qui jusque-là maudissait les Français et « les chiens de chrétiens », ne se soit pris à bénir le nom du vainqueur.

Il va de soi que les enfants Kabyles, de leur nature
espiègles et très éveillés, ne se faisaient pas faute de
rôder autour de la maison et souvent de forcer
l'entrée. Un sou, un morceau de sucre que leur
importunité finissait quelquefois par arracher au
Frère, c'était plus qu'il ne fallait pour les attirer. De
ces petits vagabonds, le Père fit des écoliers. La
classe compta jusqu'à trente élèves. C'était un Orphe-
linat en même temps qu'une école.

Encouragés par ces essais, le Père et le *cher Frère*,
son fidèle compagnon, s'étaient mis à visiter les
tribus, afin de secourir sur place les malades et les
pauvres. Bien vite, ils furent connus dans tout le
pays. La soutane, dans ces courses, ne rencontra
aucune avanie qui vaille la peine d'en parler. En maint
endroit, elle trouva au contraire bon et cordial
accueil. Chose remarquable pour un peuple si jaloux
de l'inviolabilité de son chez soi, deux ou trois
villages offrirent au Père droit de cité. On désignait
même le terrain qui pourrait le recevoir. Un village
alla jusqu'à proposer l'une de ses mosquées, afin que
le missionnaire y réunît les enfants et leur apprît
« le droit chemin. »

Il y a plus : chez deux ou trois jeunes gens des
plus instruits, fils de marabouts et marabouts eux-
mêmes, des velléités de conversion se produisirent.
Le Père se gardait bien de provoquer ou même de
prendre encore au sérieux ces demandes. Mieux que
personne, il savait par une longue expérience, les
résistances particulières que présente la race musul-

mane, soit à l'entrée, soit à la conservation de la
grâce. Mais ces dispositions donnaient à espérer
pour un avenir plus ou moins prochain des résultats
consolants; et le fervent missionnaire y puisait un
précieux encouragement à poursuivre son humble
et pénible ministère. Il le continuait donc sans bruit,
sans soulever dans les tribus aucune réclamation
contre la France et les chrétiens. Bien au contraire,
l'immense majorité des Kabyles ne voyait que de bon
œil les avances de ce nouveau marabout, si peu
semblable aux leurs, si savant, si modeste, si désintéressé et si charitable qui ne demandait rien et
était toujours prêt à donner.

D'autres que les Kabyles, malheureusement, ne
pensaient pas de même. Un beau jour, au lieu de
l'autorisation d'accepter les demandes des indigènes,
arrivent au Père des plaintes et des avertissements
sévères. Il faut être plus réservé, lui dit-on. Désormais, défense de faire des courses dans les villages
« sous couleur de charité. » A plus forte raison
défense de songer à fixer sa demeure au cœur du
pays Kabyle.

Ce n'est pas tout : l'administration française fit
proclamer bien haut qu'elle était à tout le moins
absolument étrangère à tout établissement des missionnaires dans les tribus. Ceux des indigènes qui
avaient été jusques-là les familiers de la cure furent
surveillés de près. Il y eut même, paraît-il, des
misérables assez oublieux de leur baptême et de leur
nation, pour chercher, par d'indignes calomnies, à

éloigner les orphelins de leur père adoptif et à jeter
la défiance dans les familles, en leur faisant croire
qu'on voulait leur ravir leurs enfants.

D'où venait cette tempête ? Le voici :

Les bureaux d'Alger et de Paris, à la nouvelle des
succès du curé auprès des Kabyles, avaient pris
l'alarme. Les Kabyles faisaient mine de sympathiser
avec la soutane! Ils accueillaient le prêtre catholique
dans leur tribu; ils lui confiaient leurs enfants! Quel
danger pour la liberté de conscience! Mais c'était le
renversement du système politique en vigueur jusques-là dans toute l'Algérie; de cette politique qui,
en opposant une barrière implacable à tout effort du
prosélytisme catholique, avait si bien réussi à défendre les disciples de Mahomet contre toute velléité de
conversion. A tout prix, il fallait modérer le zèle
imprudent de ce curé et arrêter sa propagande intem-
pestive et funeste.

On le voit, l'esprit qui continuait à prévaloir dans
l'administration de l'Algérie était toujours l'esprit
voltairien de 1830. Esprit détestable à tous les points
de vue, aussi bien que la politique, née de son inspiration. Politique systématiquement impie et prati-
quant, sous le masque de la liberté, l'intolérance la
plus fanatique; politique barbare, préférant voir
l'Arabe et le Kabyle mourir de faim, plutôt que de
recevoir la salutaire influence de la religion, politique
aussi antinationale et antifrançaise qu'antireligieuse.
Aux peuples qu'elle devait civiliser, elle n'a appris
que les vices de la civilisation et pour aboutir à quoi?

A rendre la France méprisable aux yeux même des sectateurs du Coran.

En qui s'incarnait cette politique abominable! Dans notre armée? Non, sauf de rares exceptions. Il est juste et consolant de le constater, ce que l'armée a compté de plus éminent parmi ses chefs n'a jamais donné dans ces aberrations de la haine irréligieuse.

Les Vallée, les Bugeaud, les Lamoricière, les Pélissier avaient des vues autrement libérales et plus saines. N'est-ce pas le brave maréchal Bugeaud qui disait : « Autant d'enfants indigènes élevés par les Pères, autant de coups de fusil de moins contre notre brave armée d'Afrique et contre nos colons. » La plupart de nos gouverneurs et officiers généraux étaient les premiers à gémir des entraves systématiques imposées à un zèle dont le concours était si précieux pour affermir la conquête. Maintes fois, ils avaient constaté la déplorable impression produite sur l'esprit des Arabes par ces façons d'agir de renégats catholiques. « Notre indifférence religieuse, disait tristement le maréchal Pélissier, voilà ce qui blesse le plus les Arabes. »

Hélas! ces nobles soldats n'avaient pas le dernier mot.

Quelle était donc le foyer de cette politique néfaste? C'était, on le voit, de plus en plus à la lumière des événements, cette Société ténébreuse, âme de toutes les révolutions qui ont désolé la France contemporaine ; cette même Société qui aujourd'hui encore travaille avec une ardeur infernale à la ruine des sociétés par la déchristianisation des peuples. Nous avons nommé la franc-maçonnerie.

Montée à l'assaut du pouvoir en 1830, elle avait rempli de ses adeptes les administrations et tout particulièrement l'administration algérienne.

Devant les odieuses taquineries dont il se voyait l'objet, que pouvait faire le P. Creuzat? Il prit le seul parti sage et possible : se taire, faire, sans se plaindre, le peu de bien qu'il pouvait encore et prier pour les pauvres Kabyles, en attendant des jours meilleurs. Ceux qui lui succédèrent agirent de même.

Ces jours tant soit peu meilleurs furent longs à venir. Mais enfin les horreurs de la Commune et la formidable insurrection Kabyle, en 1871, ouvrirent pour quelque temps les yeux du gouvernement et forcèrent le génie du mal à une prudente retraite.

La Providence venait de placer à la tête de l'administration algérienne, un homme imprégné des traditions plus larges et plus chrétiennes de la marine française, le vice-amiral comte de Gueydon! Ce brave marin avait dit un jour publiquement à Monseigneur l'Évêque d'Alger : « J'ai passé ma vie à protéger les Missions catholiques sur toutes les mers du globe. Je ne puis admettre qu'elles soient persécutées sur une terre française. Il faut beaucoup de réserve, beaucoup de tact, agir par des bienfaits et non par des discours. Mais le temps d'associer peu à peu le peuple vaincu par nous à la civilisation chrétienne paraît enfin venu. »

Le commandant alors préposé au territoire du Fort-National, homme de dévouement, d'intelligence et d'initiative, rompant résolument avec les anciennes traditions, seconda de tout son pouvoir les intentions du gouverneur. Mgr Lavigerie, comme on le pense bien, se hâta de profiter de ces heureuses dispositions ; par ses ordres, au printemps de 1873, cinq stations de Missionnaires furent établies au pays Kabyle, au grand contentement des indigènes. Trois avaient à leur tête des membres de la nouvelle Société des Missionnaires du Sahara. Deux appartenaient aux Jésuites, dirigées chacune par deux Pères. Toutes les deux furent successivement occupées par le F. Rivière. Commençons par celle où il débuta.

CHAPITRE SEPTIÈME

Djema-Sahridj.

JEMA-SAHRIDJ est le village important, et, si l'on peut ainsi dire, le chef-lieu commercial et politique de la tribu Kabyle des Fraoucen. Comprenant, dans les cinq groupes distincts qui la composent, de deux à trois mille habitants, cette bourgade est une des plus peuplées de la Kabylie. D'après les dernières recherches des archéologues, elle occupe l'emplacement de l'ancien *Bida municipium*, le poste, croit-on, le plus avancé qu'aient eu les Romains au pied du versant nord du Mont-de-Fer. Plusieurs débris romains s'y voient encore, malheureusement trop à fleur de terre, ou encastrés dans des masures ou cachés dans des vergers et des broussailles.

« La situation est charmante. Bâti au pied des premiers contreforts du Jurjura, perdu, pour ainsi dire, dans la feuillée, c'est le Damas de la Kabylie, *si parva licet componere magnis;* pays d'eaux vives (1),

(1) C'est ce qu'indique le sens étymologique du nom *Djema-Sahridj, la réunion des bassins.*

par conséquent de jardins et de fleurs. Que n'est-il aussi bien traité des hommes qu'il est favorisé de Dieu ! Grâce à l'incurie de nombreuses familles de marabouts qui l'habitent, les fontaines dégénèrent en cloaques, les massifs d'arbres en fourrés, et le long des ruelles fangeuses, on ne voit pour maison que de méchants gourbis... Tous les vendredis, sur la place principale, se tient un marché important qui attire par sa position intermédiaire les gens de la montagne comme les tribus de la plaine et du littoral (1). »

Les deux Pères et le Frère destinés à ce poste s'étaient installés au seuil du village. Pendant quelque temps, ils n'eurent pour abri qu'un misérable taudis kabyle. Sans attendre une installation un peu moins primitive, les Pères ouvrirent immédiatement une école ; bientôt les élèves, tous externes, accouraient en si grand nombre qu'un second professeur était devenu indispensable. Ce professeur devait être le P. Rivière.

Quelques années plus tard, il écrivait à sa bienfaitrice :

« Lorsque le R. P. Provincial m'envoya en Kabylie, c'était contre tous mes goûts. N'importe ! De Lons-le-Saulnier à Alger, d'Alger à Fort-National j'oubliai mes répugnances. Et quand la Kabylie se

(1) *La Kabylie et le peuple kabyle*, par le P. Joseph Dugas.

déroula sous mes yeux, je compris que les rêves avaient fait place à la réalité. »

De quels rêves voulait parler le P. Rivière ? Puisque la réalité acheva de dissiper la répugnance, n'est-on pas en droit de supposer que ces rêves réalisés maintenant c'étaient les travaux, les privations et les souffrances qu'il avait espéré trouver dans sa mission de la Laponie ? Dans ce cas, il put bientôt se dire que la Kabylie allait fournir à son ambition d'amples dédommagements.

A son arrivée que trouva-t-il ? Une maison ? Non, mais un pauvre gourbi où à peine ses hôtes purent lui ménager un coin pour la nuit. On était en pleins travaux de construction pour se donner un peu d'air et d'espace. Les classes étaient fréquentées par une centaine d'élèves ; mais quels élèves ? Des enfants et des jeunes gens la plupart déguenillés, d'une malpropreté dégoûtante, sans l'ombre d'éducation, n'ayant pas la moindre habitude de discipline ni de travail, et pour comble d'ennui, ils parlent une langue absolument inconnue.

La nourriture, il n'en faut pas parler. A cette distance de tout centre Européen, c'est forcément, à peu près, le pur régime kabyle.

La situation, on en conviendra, n'était rien moins que séduisante. Le P. Rivière ne s'en laissa pas décourager. Jamais dans ses lettres on ne trouvera un mot d'allusion à ces privations. Tout près de lui, son divin Maître daigne partager la pauvreté de son toit. Il va se prosterner à ses pieds, il renouvelle l'offrande qu'il lui a faite en l'honneur de son Cœur Sacré, et, se relevant, il se met résolument et gaiement à l'œuvre.

Nous l'avons vu, à l'arrivée du P. Rivière, l'établissement de Djema-Sahridj laissait encore énormément à désirer. Après avoir réservé pour un bien pauvre oratoire l'emplacement le plus convenable, les Pères et le Frère avaient toutes les peines du monde à trouver, dans leur méchant gourbi, un gîte pour la nuit et la place pour un mobilier réduit à sa plus simple expression.

Les classes se faisaient sous des abris improvisés.

On était en train de bâtir ; mais les constructions sortaient à peine du sol. Le reste du terrain, à part quelques pieds de terre où le bon Frère cuisinier, à ses très rares moments de loisir, cultivait quelques légumes, était en friche, faute de bras pour le travailler.

C'était, en somme, une installation à ses débuts, et le malaise qui en résultait menaçait de se prolonger indéfiniment, faute de ressources, au milieu d'un pays étranger et surtout avec des ouvriers inexpérimentés, et, par habitude, fort peu travailleurs. Deux ans après, les choses avaient considérablement changé de face.

La maison des Pères était terminée. Dans ce corps de bâtiment d'une belle étendue et flanqué de deux pavillons, avaient leur place très convenablement distribuée, une chapelle et des chambres pour les

Pères, avec les pièces nécessaires aux différents services ; des salles de classe bien aérées et éclairées.
Derrière, un jardin très bien cultivé, en plein rapport,
fournissait abondamment des fleurs et des légumes.
Sur le devant, à l'ombre d'arbres touffus, s'étendaient
des cours spacieuses pour les récréations des élèves.

L'école, de plus en plus nombreuse, fonctionnait
à la satisfaction de tous. Enfin, la métamorphose était
si complète que l'historien de la Kabylie, pouvait en
faire sur place, en 1876, la description suivante :

« Aujourd'hui, ce qui fait la réputation de Djema-
Sahridj, ce ne sont ni ses ruines romaines, ni ses
sources, ni ses jardins, ni sa *mahmera* (1) musulmane, c'est son école française.

« Construite sur la place du marché qu'ombragent
de gros bouquets de frênes, en face d'une mosquée
au-dessus de laquelle deux beaux palmiers balancent
gracieusement leur panache, blanche et proprette,
quoique petite et fort modeste, la maison de l'école
est, à coup sûr, le monument, ou si l'on veut, la
meilleure fleur de l'endroit.

« Les indigènes viennent de plusieurs lieues à la
ronde pour visiter cette petite merveille : que dis-je ?
Tel touriste européen, tel officier, tel magistrat, venu
du Fort ou d'Alger pour voir l'école de Djema-
Sahridj, est reparti fort satisfait de sa visite (2). » Et

(1) Ecole arabe secondaire.
(2) *La Kabylie*, par le P. Dugas.

pourtant, parmi ces visiteurs, plusieurs étaient venus avec des préjugés rien moins que favorables à l'égard des Pères.

Et ce qui cause cette satisfaction, ce n'est pas seulement de se retrouver en plein pays étranger et infidèle, en face d'un modeste édifice surmonté d'une croix et d'un clocher, brillant de cette propreté qui est le premier signe de la civilisation; ce n'est pas l'accueil cordial des missionnaires, c'est aussi et surtout la vue des jeunes élèves kabyles soit lorsqu'ils accourent en bandes joyeuses au-devant de vous pour vous saluer dans la langue de la patrie, soit lorsqu'ils vous montrent dans leurs cahiers ou dans la récitation déclamée de quelque fable les progrès de leur instruction.

Quand on considère sous la *chechia* rouge (calotte) ou le capuchon blanc qui les couvre, ces physiono-mies de six à dix-huit ans, naguère à demi-barbares, maintenant ouvertes, gaies, avenantes; cette centaine d'enfants, hier grossiers, à moitié nus ou couverts de salles guenilles, aujourd'hui vêtus pauvrement, sans doute, mais propres, honnêtes, obéissant avec autant de grâce que d'empressement, les fils des marabouts et des chefs des villages confondus avec les enfants des dernières familles de la tribu, tous aimant l'école et cordialement affectionnés aux Pères, on éprouve une émotion difficile à dominer. Le brave maréchal Pélissier lui-même, à ce spectacle, n'avait pu retenir ses larmes.

Or, le P. Rivière eut sa part de concours dans

cette transformation si heureuse et si rapide. Quelle part, Dieu le sait. Nous allons simplement passer en revue ou plutôt laisser raconter à ceux qui en furent témoins, les travaux qui l'occupèrent. Chacun ensuite appréciera.

CHAPITRE HUITIÈME

En Kabylie. — Le P. Rivière, maître d'école et aide universel.

PRÈS quelques semaines données à l'étude indispensable de la langue kabyle, la première et principale occupation du P. Rivière à Djema-Sahridj, fut l'humble fonction de maître d'école primaire.

« Là, plus qu'ailleurs peut-être, dit l'historien de la Kabylie (1), la tâche à ses peines. Le maître n'a pas seulement de petits sauvages à dégrossir ; il a vraiment des intelligences à ouvrir, des cœurs à former, de petites créatures de Dieu à faire croître.

« Oh ! il est clair que ces pauvres enfants n'appartiennent point à l'aristocratie des âmes. Elevés sans baptême, sans sacrements, presque sans Dieu et sans prières, livrés à eux-mêmes et aux ébats de la rue, dès qu'ils ont l'âge de marcher, ils sont accoutumés à voir le vice dès qu'ils ont l'âge de voir. »

(1) *La Kabylie et le peuple kabyle*, par le P. Dugas.

Ce que de telles natures doivent opposer d'obstacles à l'instruction et à l'éducation est facile à deviner.

La classe confiée au P. Rivière, était la moins intéressante et la plus pénible, celle des plus jeunes. Que de peines elle lui donna, surtout dans les commencements! Ne connaissant point encore, ou du moins que très imparfaitement la langue kabyle, à chaque mot impropre, ou prononciation défectueuse, c'était un éclat d'hilarité générale. Sa petite taille, son peu de prestance ne contribuaient pas à lui donner de l'autorité. Écoutons un témoin, ancien élève du Père, à qui, par raison de prudence, nous donnerons le nom de Louis :

« Représentez-vous trente à quarante enfants qui ignorent complètement ce que c'est que garder le silence, les uns lisant à haute voix, les autres parlant, d'autres riant aux éclats, d'autres se battant. Le P. Rivière supportait tout avec une patience admirable. Je ne l'ai jamais vu se fâcher, ni même témoigner de l'impatience. Les Kabyles eux-mêmes, qui entraient dans les classes quand bon leur semblait, se disaient en sortant : « Que ce jeune Père est patient (1). »

Et cette dure corvée durait cinq heures par jour, deux heures et demie le matin, autant le soir, le vendredi et le dimanche exceptés.

_____

(1) *Souvenirs de Louis.*

Peu à peu cependant, notre jeune professeur parvint à dominer son petit monde. Sa patience, sa
bonté, son dévouement lui gagnèrent les cœurs ; il en
arriva même à faire de ses élèves tout ce qu'il voulait.

Dans les intervalles des classes avaient lieu les
récréations. Nouvel exercice de patience pour le
Prère qui avait à surveiller cette jeunesse turbulente
et grossière.

Il n'y apportait pas moins de zèle qu'à la classe. Il
attachait une grande importance à l'entrain dans les
jeux. Aussi n'y épargnait-il pas sa peine. Il avait fait
venir plusieurs jeux de France. Quand les enfants
commençaient à se lasser d'un jeu, il en avait toujours un nouveau à leur apprendre. De cette façon,
les récréations se passaient innocemment et très
joyeusement.

Lorsque la chaleur était trop forte pour jouer, il
faisait asseoir ses enfants près de lui et leur racontait
des histoires. « Groupés autour de lui, nous écou-
tions émerveillés ses récits. C'étaient tantôt des faits
historiques, surtout de l'Ancien-Testament, tantôt
des historiettes amusantes ; il faisait en sorte, pour
nous édifier, d'y glisser quelques traits de la vie des
saints ; il avait le don de mêler l'utile à l'agréable ; il
ne laissait jamais échapper l'occasion de placer quelques bonnes paroles, comme celles-ci : Que la patrie
du ciel est belle ! Mais pour y arriver, il faut être
sage ; il faut aimer le bon Dieu et ne pas l'offenser.
Il ne faut pas mentir, ni voler, ni faire aucune chose
mauvaise. Ainsi commençait son apostolat.

« Il tâchait par tous les moyens possibles de nous faire plaisir. Les jours de congé, le dimanche et le vendredi, il aimait à faire une promenade et prenait avec lui tous ceux qui avaient de bonnes jambes ; nous faisions donc ensemble de très belles excursions par les montagnes et dans les vallons. Le cher Père en profitait pour nous faire admirer les beautés de la nature, la grandeur, la puissance et la bonté du Créateur.

« Aux grandes fêtes de l'année, il emmenait avec lui, au Fort-National, un grand nombre de ses élèves, pour leur donner une idée des cérémonies religieuses. C'est ainsi qu'à Noël, nous allions assister à la messe de minuit. Ah ! si nous avions été chrétiens, comme nous aurions plu à Notre-Seigneur ! Mais, hélas ! nous n'étions là que pour entendre les chants, la musique et voir soit les ornements de l'église, soit les cérémonies.

« La fête se passait bien joyeusement. A la tombée de la nuit, on nous conduisait dans une salle, où l'on avait étendu une épaisse couche de paille ; le Père était avec nous dans un coin de la salle, et, pendant plusieurs heures, il nous racontait de belles histoires. Puis nous dormions tranquillement jusqu'à minuit. Le Père reposait avec nous tout habillé.

« Le lendemain, après les offices, le Père reprenait avec ses élèves le chemin de la tribu. Il avait un mulet pour ceux qui étaient fatigués. Quant à lui, il marchait courageusement à pied avec les autres.

« Tout en marchant, il nous faisait raconter les impressions que la fête avait produites sur nous et tâchait de nous suggérer quelque bonne pensée.

« C'est ainsi qu'il ne négligeait rien de ce qui pouvait être agréable ou utile à ses élèves. Est-il étonnant qu'il fut aimé de tous ! Ils s'attachèrent à lui d'une manière incroyable. Tous l'aimaient comme leur tendre père et leur bienfaiteur.

« J'ai aussi bien souvent été édifié de sa modestie.

« Lorsque des étrangers français venaient visiter l'Ecole, le Père ne paraissait que sur l'invitation de son Supérieur, pour présenter ses élèves, leur faire faire un devoir ou déclamer une fable, etc. En dehors de ces circonstances, il évitait, autant que possible, de se montrer.

« Quand il rencontrait des femmes ou qu'il avait à leur parler, il tenait toujours les yeux modestement baissés (1). »

La classe et la surveillance, si longues et si fatigantes qu'elles fussent, n'absorbaient pas le dévouement de notre Frère.

Tant que durèrent les travaux de construction, il y consacra la plus grande partie de ses moments libres. Surveiller les maçons et les activer ne lui suffisait pas, il donnait bravement son coup de main.

Aidé de plusieurs élèves qui venaient volontiers travailler avec lui, il dirigeait tous les travaux. Les

(1) *Souvenirs de Louis.*

uns allaient extraire des pierres dans la montagne, les autres charriaient les matériaux, portaient le mortier, etc., etc.

Il semblait se multiplier pour prêter main-forte à tous. Ouvriers et élèves, entraînés par son exemple, travaillaient à qui mieux mieux. Il savait si bien encourager! Et puis, pour tout dire, on savait qu'à la fin de la corvée, le Père trouvait toujours au fond de ses poches quelques friandises ou d'autres cadeaux pour les plus diligents. Aussi était-ce plaisir de voir comme la besogne avançait.

Les constructions achevées, le F. Rivière ne donna pas relâche à son activité. Laissons encore notre jeune Louis raconter ce qu'il a vu et admiré.

« Le P. Rivière, écrit-il, était toujours occupé à quelque chose d'utile. Il savait tout faire. Après le déjeuner, en attendant l'heure de la classe, il allait ordinairement au jardin, soit pour arroser, soit pour piocher, soit pour cueillir de la salade, et tout cela il le faisait avec un entrain admirable.

« Pendant qu'il travaillait ainsi, les enfants se réunissaient autour de lui. Tout en continuant son travail, le Père causait familièrement avec eux; il leur apprenait le nom des plantes, leur montrait comment il fallait les cultiver, etc.

« Souvent aussi c'étaient des hommes, même des plus distingués de la tribu, qui venaient le voir jardiner. Ils lui faisaient toutes sortes de questions :

Ils lui demandaient tantôt le nom en français des plantes et des fleurs, tantôt la manière de les entretenir, etc., et le Père se prêtait à toutes leurs demandes avec une grâce charmante.

« Il aimait encore à aider le Frère dans ses divers travaux ; il lui a dit même plus d'une fois, d'après ce qui m'a été raconté, qu'il enviait son sort de pouvoir servir le bon Dieu dans des emplois humbles et loin des dangers du monde (1). »

Un Père qui, lui aussi, a vu le P. Rivière à l'œuvre, mais qui désire rester inconnu, confirme le témoignage du jeune Kabyle :

« Caractère ardent et généreux, s'oubliant continuellement soi-même et plein de prévenances et d'attention pour ses Frères, le P. Rivière semblait n'avoir jamais assez de travail à faire et de difficultés à surmonter.

« Jamais il ne paraissait plus affable et plus heureux que lorsqu'il avait à se dépenser davantage.

« Il se délassait d'un travail par un autre. C'est ainsi qu'il était arrivé à savoir manier toute espèce d'outils.

« Il avait une aptitude étonnante pour toutes sortes de travaux manuels, et, pendant l'année entière que j'ai passée avec lui, c'était lui-même qui faisait tout le pain nécessaire pour notre Communauté et il

(1) *Souvenirs de Louis.*

apportait tant de soin à le bien faire que ce pain était fort bon ordinairement (1). »

Enfin, écoutons notre infatigable travailleur, faire lui-même plus tard, à sa bienfaitrice, le récit bien abrégé de ses occupations :

« Comme par nature, j'ai bien des métiers au bout des doigts, on en profita. Outre la boulangerie et le jardin qui m'étaient spécialement réservés, je surveillais nos ouvriers qui travaillaient un peu partout, les uns à couper du bois, les autres à extraire des pierres pour bâtir, etc., etc. Il va sans dire que je devais mettre la main à tout. Vraiment, n'eût été ma santé de fer, on eût dû m'enterrer dix fois pour une. Imaginez-vous que nous étions sur pied depuis trois heures et demie du matin jusqu'à dix heures du soir. Le bon Dieu me pardonnera si parfois je me suis endormi un peu avant l'heure, mais alors je n'en pouvais plus. »

Le cher Frère ne raconte pourtant pas à sa bienfaitrice tout ce qu'il faisait encore. Nous allons dire ce que sa modestie lui a fait passer sous silence.

(1) Pour mieux comprendre l'importance de ce service, il faut se rappeler que le pain européen est inconnu en Kabylie et que les stations des missionnaires étant éloignées de tout village français, il leur est comme impossible de s'en procurer.

CHAPITRE NEUVIÈME

En Kabylie. — Le F. Rivière, linguiste et écrivain.

E 22 décembre 1874, six mois seulement après son arrivée en Kabylie, le P. Rivière écrivait, aux Pères et à ses Frères de l'Ecole apostolique, une lettre très intéressante, mais qui serait trop longue à insérer ici ; nous nous contentons d'en citer de courts extraits :

« J'ai une trentaine de petits marmots qui me donnent bien du fil à retordre, comme on dit. Cependant, malgré leur étourderie, ils apprennent bien et la régularité du plus grand nombre me fait oublier ce qu'il y a de pénible à diriger des enfants pour qui toute discipline est inconnue.

« Après la classe aux enfants, l'étude de la langue nous occupe continuellement. Dieu merci, j'y ai déjà fait quelque progrès. Jugez-en : je commence à faire mes petites tournées dans les villages. C'est on ne peut plus intéressant. Les poches remplies de billes, de croquants, de morceaux de sucre, je pars la tête couverte de mon capuchon ; on cause avec les groupes accroupis le long des murs ; rencontre-t-on les enfants de l'école, on les récompense du bonjour qu'ils vous adressent; s'ils vous y invitent, on va chez eux. De leur côté, les femmes, curieuses comme partout, me rappellent par leur manière de faire les rats de la Fontaine :

> D'abord elles montrent la tête.
> Puis rentrent dans leurs nids à rats
> Puis ressortant font quatre pas.
> Puis enfin se mettent en quête.

« Et peuvent constater que la vue du marabout français n'a rien d'effrayant. »

Voilà donc notre P. Rivière, dès les premières semaines de son séjour en Kabylie, dirigeant une classe, allant et venant dans le pays, conversant avec les indigènes, grands et petits, avec l'aisance, ce semble, d'un kabyle pur sang.

Il avait, par conséquent, mis bien peu de temps à apprendre la langue. Oui, mais au prix de quels travaux, et de quelles peines, il serait bien malaisé de le dire.

La langue kabyle est, par elle-même, une langue difficile. Mais ce qui aggravait considérablement la difficulté pour notre jeune missionnaire, c'est qu'alors il n'y avait aucun livre dans cette langue, ni grammaire, ni dictionnaire, et ses journées, d'ailleurs, nous l'avons vu, étaient déjà si occupées! Comment donc s'y prit-il? Le voici : il demandait au premier venu le nom en kabyle des objets qu'il avait sous les yeux, et, séance tenante, il écrivait ce nom sur un calepin, avec le français en regard. A la fin de la journée, rentré dans sa chambre, après avoir relevé la liste avec soin et dans un ordre méthodique, il se mettait à l'apprendre par cœur comme un écolier sa leçon, jusqu'à ce qu'elle fût bien gravée dans sa mémoire.

A cet exercice, il en ajoutait un autre. Comptant pour peu les railleries que ses bévues ne pouvaient manquer de lui attirer, il allait se mêler familièrement aux groupes de kabyles et écoutait avec la plus grande attention. Ce n'était pas assez : il prenait part active à la conversation. Bien souvent les sourires lui apprenaient qu'il s'était trompé. Il en riait de tout son cœur, se faisait dire la faute qu'il avait faite et remerciait cordialement le moniteur obligeant.

En suivant ces deux méthodes, quelques jours lui suffirent pour converser sur les matières les plus usuelles.

Mais il ne se contenta point de savoir cette langue juste assez pour ses rapports avec les kabyles. Comprenant qu'une connaissance approfondie lui serait un puissant moyen d'influence pour le bien, il en fit une étude très sérieuse. Tous les jours, il y consacrait une partie de ses veillées.

Il parvint ainsi, dans un espace de temps relativement très court, à connaître le kabyle à fond et à le parler avec une pureté et une élégance qui excitaient l'admiration des kabyles eux-mêmes. C'est ce que ses collègues et ses élèves ont constaté d'un commun accord. Voici, entre autres, le témoignage d'un de ses compagnons :

« Après deux ans à peine de séjour en Kabylie, le P. Rivière était parvenu à parler très bien le kabyle ; mais aussi quelle peine ne s'est-il pas donnée pour en arriver là ! Il me semble encore le voir. Lorsque la classe du soir était terminée, oubliant qu'il était resté sept heures avec les enfants et que le reste de ses courts moments de loisir avait été donné aux rudes travaux de jardinage ou de construction, le P. Rivière réunissait autour de lui les jeunes gens de la tribu pour leur raconter des histoires et leur faire raconter à eux-mêmes les légendes kabyles afin d'arriver plus vite à la connaissance de cette langue si difficile. »

Le F. Rivière, en recueillant les légendes kabyles, n'avait-il d'autre but que de se perfectionner dans la connaissance de la langue et des usages du peuple auprès de qui il travaillait ? Il visait plus loin, croyons-nous. Il voulait, par ce travail, contribuer à faire mieux connaître la Kabylie et enrichir la science ethnographique. C'est ce qui le détermina à communiquer cette traduction à des membres des sociétés savantes. L'ouvrage fut, en effet, agréé et acheté par la bibliothèque nationale de Paris qui le fit imprimer sous ce titre : *Recueil de Contes populaires de la Kabylie du Djurdjura* (1). Le produit de cette vente fut affecté à la mission du Zambèze.

Le Frère traduisit encore en kabyle, pour les

(1) Paris, E. Leroux, 1882. Un vol. petit in-12 de 250 pages.

élèves de la mission, la plus grande partie de la Bible illustrée, ouvrage dont il est inutile de faire ressortir l'utilité.

Il fit davantage encore. Son supérieur avait entrepris la rédaction d'un Dictionnaire Français-Kabyle et Kabyle-Français. Ses occupations ne lui permettant pas de continuer, le F. Rivière s'en chargea. Il en composa la plus grande partie, et ce fut lui encore qui, rentré en France, dirigea le travail très compliqué de l'impression.

Ce Dictionnaire donna au F. Rivière une peine énorme. Mais aussi quel service il a rendu et rendra encore aux Missionnaires!

Voilà, en résumé, ce qu'a fait le F. Rivière pendant les trois années seulement qu'il passa en Kabylie. Sa tâche, se fût-elle bornée à celle de linguiste et d'écrivain, il eût déjà merveilleusement utilisé ce court espace de temps. Combien elle paraît plus admirable, quand on songe, avec cela, aux travaux de maître d'école, de surveillant, et d'aide-universel qu'il a menés de front! Ne sont-ce pas là des titres bien légitimes au glorieux nom d'apôtre de la Kabylie? Mais ce nom si honorable, nous allons voir qu'il y a droit encore, par des œuvres plus directement en rapport avec le ministère apostolique.

CHAPITRE DIXIÈME

En Kabylie. — Le F. Rivière, apôtre.

OUJOURS entêtée dans son fanatisme irreligieux, la bureaucratie parisienne et algérienne n'avait, qu'à son corps défendant, toléré les établissements des missionnaires en Kabylie. Aussi avait-elle imposé à l'autorité ecclésiastique une consigne étrange : l'interdiction absolue de tout apostolat direct auprès des indigènes. L'exil immédiat des contrevenants était une des sanctions de la défense.

En vue du plus grand bien, l'autorité ecclésiastique s'était résignée et avait transmis la consigne aux Missionnaires.

« Ainsi, comme le constate l'historien de la Kabylie, point de prédications chrétiennes, ni dans les villages, ni dans la maison des Missionnaires. Que dis-je ?

« Point de Crucifix dans les salles de classe, point de prière ni de signe de croix, au commencement et à la fin des leçons, point de médailles et de scapulaires au cou des enfants, aucun catéchisme entre leurs mains, pas d'autre prédication, soit publique, soit même individuelle que celle du dévouement et de la charité.

« C'est au pied de la lettre, plus qu'en Chine et au Japon la mission étrangère et *in partibus infidelium*. Pas la moindre chrétienté naissante, rien des attraits austères et fortifiants de l'apostolat direct (1). »

Ces prescriptions de l'autorité ecclésiastique, le F. Rivière les observa religieusement ; mais que son cœur d'apôtre eut à en souffrir, partagé entre l'obéissance et les ardeurs de son zèle ! Ce fut là sans contredit sa peine la plus amère.

« Quand de nos contrées catholiques, écrivait-il à sa bienfaitrice, on se trouve tout à coup transporté sous un ciel païen, croyez-le, on éprouve un serrement de cœur indescriptible. Mais, au moins, me direz-vous, on instruit, on évangélise, on baptise. — En Kabylie, hélas ! nous n'avons aucune de ces consolations dernières pour lesquelles le Missionnaire est heureux de travailler et de mourir. — Instruisez, avait dit le Gouvernement de la République, mais baptiser, jamais ! En attendant mieux, on accepta ces conditions si humiliantes de part et d'autre. »

Le F. Rivière avait besoin de bien se surveiller

(1) *La Kabylie et les kabyles*, par le P. Dugas.

pour ne pas briser ces entraves. Mais s'il n'a pas eu la consolation de donner libre carrière à son zèle, il a fait au moins tout le bien que les circonstances rendaient possible.

Il commença d'abord par l'apostolat qui était le seul toléré et, pour le moment, le seul pratiquable : l'apostolat de la charité et du bon exemple.

Il ne laissait échapper aucune occasion de rendre service aux Kabyles.

« La maison du marabout chrétien est la maison de la charité. Tous la connaissent, particulièrement les malheureux et les infirmes, à certains jours, la porte en est littéralement encombrée (1). »

Or, à moins qu'il n'en fût empêché par ses autres occupations, le *petit Père*, comme les Kabyles se plaisaient à désigner le F. Rivière, était des plus empressé à se trouver dans ces réunions des pauvres et des infirmes ; il les accueillait avec la plus touchante bonté, se montrait compatissant à leurs souffrances, pansait leurs plaies et, tout en leur faisant l'aumône, il les engageait à être sages, à offrir leurs souffrances au bon Dieu.

Les dimanches et jours de congé, voici en quoi consistaient ses délassements. Accompagné du Frère, il allait dans les villages visiter les pauvres et les malades qui n'avaient pu venir à la maison. Il ne sortait jamais sans avoir son havresac bien rempli :

_____

(1) *La Kabylie et les kabyles,* par le P. Dugas.

sucreries, drogueries, pharmacie, sans compter les sordis (sous), les mouchoirs, les billes et autres petites bagatelles. C'était son artillerie pour faire le siège des cœurs. Laissons encore parler le témoin déjà entendu :

« Dans les gourbis que le Père visitait, sa présence était comme une fête. Il avait une bonne parole pour chaque membre de la famille ; les petits enfants surtout étaient contents, devinant bien que le *petit Père* ne s'en irait pas sans leur donner quelque douceur. Comment dire sa charité pour les malades ? Il ne dédaignait pas d'arranger leur couche, de les laver et même de toucher leurs plaies souvent dégoûtantes. Quand il se retirait, toute la famille était ravie de tant de charité.

« On lui voyait continuellement le sourire sur les lèvres ; il était d'une affabilité ravissante. Apercevait-il des hommes ou des enfants que la timidité empêchait de venir à lui, il allait au devant d'eux, leur touchait la main, leur adressait des questions, en un mot, faisait toutes sortes d'avances pour les mettre à l'aise.

« Aussi tous l'aimaient : ce n'étaient pas les enfants seulement qui se plaisaient en sa compagnie, bien des jeunes gens venaient chercher auprès de lui un agréable passe-temps. Les hommes mêmes, et des plus honorables de la tribu, aimaient à causer avec lui.

« A tous, aux gens de la tribu et même aux

Kabyles des villages d'alentour, il avait su inspirer une confiance extraordinaire (1). »

Dans une lettre à sa bienfaitrice, le F. Rivière confirme lui-même le fait de cette sympathie générale. Mais la modestie lui fait attribuer ces marques de confiance à son titre de professeur plutôt qu'à sa personne elle-même : « Ne croyez pas que le professeur en tribus kabyles soit le dernier de la maison; bien au contraire, il est considéré comme un supérieur. J'avais le rang de cheik de la tribu. Aussi bien, j'étais consulté pour mille et une choses, par tous les grands matadors des tribus environnantes : affaires politiques, affaires de famille, tout ce qu'il y avait de plus intime au public et au privé passait dans mes oreilles. »

Toutefois, si la charité du F. Rivière le portait à se dévouer à tous, sans distinction, ses petits enfants, ses chers élèves, on le croira sans peine, furent toujours le premier et principal objet de son zèle. Leur progrès dans le français et l'écriture attestaient hautement le soin qu'il apportait à leur instruction; mais c'était là le moindre des résultats qu'il ambitionnait. Combien il souffrait de ne pouvoir faire des chrétiens de ces chères jeunes âmes ! Il voulait au moins leur apprendre à être sages, à ne pas voler, à ne point mentir, à respecter leurs parents, à ne pas se venger, etc; toutes choses auxquelles leur pre-

(1) *Souvenirs de Louis.*

mière éducation ne les a guère initiés. Dieu seul sait la peine qu'il se donna pour graver dans ces petits cerveaux kabyles des leçons si nouvelles pour eux.

Sa peine ne fut pas tout à fait perdue.

Un de ses élèves nous a déjà raconté plus haut les industries du Père pour élever leurs âmes vers Dieu et les porter au bien. Maintenant laissons-le parler lui-même :

« Je commençai, à titre d'essai, par quelques explications sur les points de la religion communs aux chrétiens et aux musulmans, et, toutes les fois que l'occasion s'en présentait, je leur adressais des exhortations sur la morale. Aussi bien mes élèves devenaient meilleurs. Les parents, étonnés de n'être plus ni insultés, ni désobéis, ni battus par leurs propres enfants, les mamans surtout, venaient me remercier et déployaient dans ces occasions, toutes les richesses de la langue. Pauvres mères, qu'enseignaient donc leurs marabouts ! Elles n'en auront jamais le secret (1). »

Il arrivait, en outre, assez fréquemment que les Kabyles lui fournissaient d'eux-mêmes l'occasion d'exercer son zèle. Ils venaient, soit les enfants, soit les hommes mûrs, lui poser des questions religieuses, élever des objections contre la religion catholique. Dans ces cas, aux yeux du Frère, défen-

(1) Lettre du P. Rivière à sa bienfaitrice.

dre la vérité attaquée, ce n'était pas enfreindre la
consigne, mais remplir un devoir. S'il devait à sa
conscience de ne pas provoquer la lutte, il lui devait
aussi de ne point la déserter.

« Dans ces circonstances, dit un témoin, il mettait à réfuter l'erreur et à venger la doctrine catholique tant de conviction et tant d'âme qu'on se
retirait sinon toujours convaincu, au moins forte-
ment ébranlé dans l'attachement à Mahomet. Ce
qui donnait plus de force à sa parole, c'est qu'il
n'avait en vue que notre bien. On le voyait assez
lorsque dans la fin de la discussion, il pensait avoir
laissé échapper quelque expression de nature à
blesser. Il la retirait aussitôt, protestait qu'il n'avait
voulu faire de la peine à personne et s'appliquait à
dissiper l'impression défavorable par mille démons-
trations affectueuses.

« Un marabout, entre autres, très confiant en sa
science, venait souvent trouver le Père pour disputer
avec lui sur la religion. Le Père l'accueillait avec
affabilité et après l'avoir écouté patiemment, il le réfu-
tait sur un ton simple et modeste, mais avec vigueur et sans faux ménagement. Le pauvre marabout
humilié ne pouvait toujours dissimuler sa mauvaise
humeur. Le Père alors lui tendait la main : « Tapez-
« là, lui disait-il, » et accompagnant le geste de
quelque bonne parole, il le renvoyait content (1). »

(1) *Souvenirs de Louis.*

Ces discussions où le F. Rivière ne faisait que se tenir sur la défensive ne demeuraient pas sans résultat. Il en jaillissait, pour les enfants surtout, des rayons de lumière qui dissipant les ténèbres de l'ignorance leur faisaient peu à peu aimer et rechercher la vérité. Ecoutons notre jeune apôtre :

« Dieu aidant, nos enfants s'instruisaient ; plusieurs d'entre eux, à notre insu, se procuraient des catéchismes qu'ils étudiaient avec ardeur. Vint un moment où il y eut, parmi eux, comme un élan général vers notre sainte religion. Ils voulaient assister à la messe, aux saluts du Saint-Sacrement, etc.

« C'eût été trop pour le moment. L'un d'eux, pour se dédommager, imagina d'élever un petit oratoire dans les champs ; il en tapissa le fond avec un beau foulard sur lequel il avait attaché quelques images et là il passait des heures entières à prier.

« Cet enfant, par ses instances réitérées, a fini par obtenir de passer en France pour y recevoir le saint baptême et faire ses études ecclésiastiques.

« Plusieurs autres se sont d'eux-mêmes expatriés afin de pouvoir suivre l'appel de Dieu.

« Au moment de l'expulsion, sur cent quarante élèves, quatre-vingts étaient inscrits comme devant être baptisés à la première occasion favorable.

« Que sont-ils devenus depuis lors ! Hélas ! la nature a repris le dessus chez le plus grand nombre et le diable peut se réjouir de nous avoir mis à la porte.

« Ne pouvant baptiser nos pauvres élèves, nous

nous dédommagions en cherchant à baptiser les petits enfants en danger de mort.

« En ce point, nos connaissances en médecine nous étaient d'un grand secours. Elles nous permettaient d'entrer chez tout le monde et en toute circonstance.

« Nos élèves nous étaient aussi des auxiliaires précieux. Dès qu'un enfant se mourrait, un d'entre eux accourait pour demander un remède et le pauvre petit était baptisé sans que personne s'en doutât. Sur une centaine, deux, je crois, ont survécu.

« Ainsi Notre-Seigneur récompensa visiblement un jeune ménage qui nous avait beaucoup aidés dans notre installation : leur premier enfant se mourait à l'âge de deux ans et demi. Je crois que Notre-Seigneur fit un miracle en leur faveur; car, tandis que personne ne songeait à appeler l'un de nous, l'enfant, se tournant vers son père, demanda à grands cris le Frère Coadjuteur de notre maison. Le Frère accourt, baptise l'enfant qui, presque aussitôt, s'envola au ciel.

« Le lendemain, quand le cortège funèbre passa devant notre maison, qui eut cru assister à l'enterrement d'un petit chrétien ? »

CHAPITRE ONZIÈME

En Kabylie. — Le P. Rivière aux Beni-Yenni. — Rentrée en France. Regrets.

UR la fin de sa seconde année de séjour en Kabylie, le F. Rivière fut envoyé dans la tribu des Beni-Yenni, où se trouvait la deuxième école tenue par les Jésuites. Ses élèves et leurs parents le virent partir avec les plus vifs regrets.

« A son départ de Sahridj, il fut regretté de tout le monde, mais surtout de ses élèves. Tous, en effet, avaient en lui une confiance sans bornes et l'aimaient passionnément (1). »

Les Beni-Yenni. Cette tribu est d'un caractère tout différent de celui de Djema-Sahridj. Perchée sur une des crêtes les plus élevées du Jurjura, elle est montagnarde, industrieuse et guerrière par excellence. .

La confédération des Zouaoua, dont font partie les Beni-Yenni, a passé de tout temps et justement pour la plus indomptable du pays Kabyle. Son territoire, asile et rempart suprême de l'indé-

(1) *Souvenirs de Louis.*

pendance, occupe le pied même des énormes masses rocheuses qui constituent la crête du Jurjura. On est là en pleins pays d'abîmes, de torrents et de neige.

Rien n'est curieux comme d'étudier, de l'un des pics élevés qui le dominent, le relief ou plutôt le chaos de ce terrain. On a sous les yeux un vaste et splendide panorama qui s'étend au nord jusqu'à la mer et à l'ouest jusqu'au Sahel d'Alger. On comprend alors sur place et par un simple coup d'œil toute l'histoire de ce petit peuple, la possibilité de ses luttes, de ses résistances, de son indépendance séculaires.

La tribu des Beni-Yenni, en particulier, restée indomptée jusqu'à nous, n'a pas livré, sans de rudes combats, le dernier lambeau de sa liberté. On n'a qu'à lire, dans les colonnes du *Moniteur* de l'époque de la conquête, les dépêches officielles, adressées alors du quartier-général. On verra que la France trouvait là des adversaires dignes d'elle. Ce ne fut qu'un mois et demi après la première victoire, que notre drapeau put flotter sur ces crêtes presque inaccessibles.

La demeure des Pères est dans le village des Aït-el-Arba, qui n'a pas, dans les souvenirs populaires, le renom le plus pur et le plus engageant. La fabrication de la poudre et de la fausse-monnaie formait, sous la régence, ses principales industries. Recherchés et redoutés par là-même, ses habitants ont, à double titre, cette rudesse et cette hauteur que le voisinage des montagnes met d'ordinaire dans le sang. Aussi l'œuvre des Pères y est-elle plus difficile que chez les Fraoucen. N'importe, elle se fait et il est visible que Dieu la protège (1).

Le P. Rivière eut à remplir, dans ce nouveau poste, les mêmes emplois qu'à Sahridj. Il y déploya le même dévouement, avec cette différence que le caractère plus difficile de ses nouveaux élèves lui occasionna plus de peines. Mais là aussi il fut bientôt maître du terrain et de beaux résultats vinrent récompenser son zèle.

L'influence que ses vertus et son caractère lui avaient acquise chez les Beni-Yenni, dès la première année de son apostolat au milieu d'eux, allait lui permettre de faire encore plus de bien, mais les Supérieurs, appréciant son mérite, avaient hâte de l'élever au sacerdoce. Ils le rappelèrent en France pour lui faire achever ses études.

Son départ fut pour les Kabyles des Beni-Yenni, ce qu'il avait été, l'année précédente, pour la tribu de Sahridj, un vrai jour de deuil. On ne voulait se consoler que sur sa promesse de revenir lorsqu'il serait prêtre. Lui-même était vivement ému, comme nous l'apprend dans sa naïve simplicité, le jeune Kabyle à qui nous devons déjà tant de détails intéressants :

« Lorsque arriva l'ordre de son départ pour la

(1) *La Kabylie et le peuple kabyle*, par le P. Dugas.

France, le Père obéit, mais les larmes aux yeux et regrettant vivement sa chère Kabylie. J'étais du nombre de ceux qui assistaient à son départ. Nous pleurions tous ensemble. Il écrivit ensuite de France à ses élèves pour les engager à être bien sages, à aimer le bon Dieu et leurs maîtres ; il écrivait aussi aux Pères pour leur demander pardon de ce qui avait pu leur déplaire dans sa conduite. Cela, je l'ai su par un des Pères. »

Ce pardon, les Pères eurent peu de peine à l'accorder. Le cher F. Rivière n'avait laissé, en les quittant, que le regret de son absence et un suave parfum d'édification ; car à l'ardeur d'un zèle infatigable il avait joint constamment le soin de sa perfection religieuse. En cela d'autant plus édifiant que ses occupations de toutes sortes l'exposaient davantage à négliger ce point particulier.

Le témoignage suivant, d'un de ses religieux compagnons, nous semble le trait qui achève le portrait d'un missionnaire modèle.

« Pour ce qui a rapport à la vie religieuse, le P. Rivière cherchait à être aussi bon religieux qu'il était actif et zélé missionnaire, supportant avec joie des privations de plus d'une sorte et cherchant à faire par vertu ce qu'il voyait faire aux Arabes par nécessité.

« Le P. Rivière était d'une grande ouverture de cœur envers son Supérieur et d'une grande docilité pour tout ce qui avait rapport à l'obéissance. J'ai déjà parlé de sa charité envers ses Frères.

« Je dirai en terminant que j'ai encore remarqué en lui une grande dévotion envers saint Joseph, dont il portait le nom. »

Pour lui, le souvenir dominant qu'il conservait de ces trois années d'apostolat si fervent, c'était un souvenir d'humble et pieuse reconnaissance envers Dieu.

Quelques années plus tard, pour condescendre à des instances réitérées, le P. Rivière avait envoyé à sa bienfaitrice un récit sommaire de ses travaux en Kabylie. Cette lettre, dans laquelle nous avons déjà puisé plusieurs fois, voici comment il la terminait :

« Que Dieu me pardonne si j'ai l'air de me faire valoir auprès de vous pour des choses qui sont naturelles ; d'autant plus que tout autre aurait mieux fait. En toutes choses, nous ne sommes que de pauvres serviteurs et de simples instruments dans la main de Dieu.

« Dieu m'a fait de grandes grâces en Kabylie ; l'une des plus grandes, ce fut de me préserver des dangers auxquels je fus exposé sous le rapport spirituel.

« Pendant trois ans, livré en quelque sorte à moi-même, appuyé sur trois années seulement de vie religieuse, je le dis en toute sincérité, la grâce de ma vocation, les prières du vénéré P. Martin,

sans doute et les vôtres aussi, me soutinrent visiblement.

« Vous savez que la Mecque est le foyer de la
peste qui, de temps en temps, ravage l'Orient. Eh
bien ! on peut dire que là où règne la religion
musulmane, tout est moralement empesté, tout est
dangereux pour un jeune homme, même pour un
Jésuite. »

CHAPITRE DOUZIÈME

*Le F. Rivière au Séminaire de Vals. — Il demande
la Mission du Zambèze.*

E fût à la maison de Vals, près le Puy, que le P. Rivière fut envoyé pour y suivre successivement les cours de philosophie et de théologie. Il y resta trois ans.

Rien n'est plus monotone, on le sait, qu'une vie d'études; rien, non plus, ne se prête moins à l'intérêt d'un récit. Ce qu'on peut désirer surtout de savoir ici, c'est l'impression que fit le P. Rivière sur ses compagnons d'études. Quelques emprunts aux appréciations que ceux-ci ont bien voulu nous adresser donneront satisfaction à ce désir.

« Les premiers temps de son séjour à Vals durent, ce semble, être pour le Père des jours empreints de tristesse. Sans parler des émotions douloureuses que lui laissait le souvenir de ses chers kabyles, le passage, sans transition, de la vie uniforme des études et des exercices religieux à sa vie si active et si accidentée en Kabylie, n'était-ce pas une véritable épreuve pour notre ardent Missionnaire? sans doute; mais cette épreuve il l'accepta, comme il avait fait pour bien d'autres, avec sa générosité et sa bonne humeur habituelles.

« Aussi, dès son arrivée à Vals, il se montra pour tous un religieux exemplaire. Sa gaieté, son dévouement mettaient vite à l'aise avec lui ; on eut bien vite aussi apprécié sa charité qui ne calculait pas avec la peine ; quand quelqu'un avait besoin d'un service, il savait que pour faire plaisir au P. Rivière, il fallait s'adresser à lui ; pour toute récompense, il demandait une petite prière pour ses chers kabyles.

« Il était facile de voir que tout, dans ce bon Frère, venait d'un principe de zèle ; il n'aimait guère l'étude de la philosophie ; ce n'était pas le travail qui le rebutait, mais il brûlait du désir de se dévouer plus directement au salut des âmes. Il comprit cependant la nécessité de la science et je me souviens qu'il dit un jour en parlant de la Kabylie : « C'est pour elle que je travaille ici, et c'est pour pouvoir lui être plus utile que je me résous volontiers à rester en philosophie. » Il l'aimait tant, sa chère Kabylie ! C'était les larmes aux yeux qu'il en parlait et avec une joie inexprimable qu'il apprenait le bien qui s'y faisait.

« A Vals, le P. Rivière trouva à exercer son zèle par les catéchismes dans les village voisins et surtout par son dévouement. Il demanda et obtint la permission d'aider le Frère infirmier ; il y trouvait double avatange : il pouvait ainsi s'initier à la médecine, si utile dans les Missions, et il rendait service à ses Frères.

« Un exemple vous fera comprendre jusqu'où pouvait aller sa charité. Un de ses frères fut atteint par un mal terrible; le P. Rivière se constitua son infirmier. Pendant plusieurs jours et même plusieurs nuits il ne quitta pas le malade, et il ne fallut rien moins que l'ordre des Supérieurs pour l'engager à prendre un peu de repos; encore se levait-il presque toutes les nuits pour venir voir si son Frère n'avait besoin de rien.

« Son héroïque dévouement avait su inspirer une telle confiance au malade que, dans le délire même, le pauvre infirme lui obéissait et se sentait, pour ainsi dire, soulagé par sa présence. Plus tard, le P. Rivière avoua que, dans cette circonstance, il avait dû vaincre plus d'une répugnance.

« Le P. Rivière aimait beaucoup ses Frères; son bon cœur se trouvait heureux dans une communauté nombreuse, et je suis persuadé que l'isolement qu'il entrevoyait comme possible dans les Missions était une des choses qui devait lui coûter le plus.

« Sa charité était d'une délicatesse exquise : il ne souffrait pas qu'on le remerciât quand il avait rendu un service; mais lorsqu'il en avait reçu un, il ne trouvait pas d'expressions assez fortes pour témoigner sa reconnaissance. Cette reconnaissance, il l'étendait aux bienfaiteurs de sa Mission, il ne croyait jamais trop faire pour la leur exprimer : prières, œuvres, mortifications, il leur accordait tout avec libéralité.

« Au scolasticat de Vals, nous nous sommes retrou-

vés et sa vertu ne s'était pas démentie. Durant la première année de son séjour à Vals, il fit imprimer au
Puy le *Dictionnaire Francais-Kabyle,* à la rédaction
duquel il avait eu la majeure part. Presque tous les
jours il devait se rendre en ville pour hâter la publication de cet ouvrage tant désiré par les Missionnaires et corriger les épreuves. Tout le monde admi-
rait son zèle. On sentait dans toutes ses démarches
une affection en quelque sorte passionnée pour sa
chère Mission de Kabylie. Je l'ai accompagné plusieurs fois dans ses promenades à travers la ville ;
elles étaient naturellement bien monotones, mais
il savait les rendre si agréables par ses entretiens sur
les Missions et le dévouement à la gloire de Dieu !

« Il continuait à suivre de loin les travaux des
Missionnaires de la Kabylie; il s'intéressait surtout
aux progrès de ses anciens élèves. Il leur écrivait de
temps en temps et leur donnait tous les bons
conseils que pouvait lui inspirer sa piété ingénieuse.
Ceux-ci, à leur tour, lui témoignaient le plus vif
attachement. Quelques-uns d'entre eux furent incor-
porés dans une Ecole spéciale d'artillerie en France.
A leur passage, ils sollicitèrent et obtinrent de faire
un long détour pour goûter la consolation de revoir
leur ancien maître et le F. Rivière en était tout
fier : « Vous voyez bien, nous disait-il, que notre
« temps n'a pas été perdu en Kabylie et que nous
« nous sommes gagné l'affection de ce peuple. » Je
retrouve sur une pauvre image qui lui avait appar-
tenu quatre ou cinq noms kabyles. C'était pro-

bablement un *Memento* de ses biens-aimés petits Africains (1).

« J'ai vécu trois ans à Vals avec le P. Rivière. Peut-être le cœur est-il pour beaucoup dans mon appréciation. Je ne voudrais pas le nier : mais il était si complaisant, si gai, si aimable ce *petit Kabyle*, comme on se plaisait à l'appeler. Aussi tous les cœurs étaient pour lui. Son caractère plein de franchise et de sensibilité plaisait toujours et même quand il croyait devoir faire un petit reproche c'était toujours sans froisser.

« Il était pour ses Frères d'une étonnante charité, aimant à rendre mille petits services toujours plus ou moins agréables en eux-mêmes. On aurait dit qu'il se trouvait dans son élément quand il pouvait faire plaisir; mais, comme c'était pour Dieu qu'il obligeait ses Frères, il n'acceptait pas toujours les remerciements. Un jour je le priai de me faire un certain travail de menuiserie pour la sacristie. Il se mit tout de suite à l'œuvre et y employa deux récréations. Je me mettais en devoir de le remercier. « Laissez-donc, interrompit-il, d'un air moitié souriant, moitié sérieux; vous croyez que j'ai fait cela « pour vous! »

« Un dernier trait à l'appui de l'affection qu'il savait inspirer. Pendant sa première année de philosophie, il éprouva quelques jours de fatigue, et, comme d'habitude, deux ou trois scolastiques

(1) *Souvenirs du P. Courtois.*

allaient, pendant les récréations, lui tenir compagnie à l'infirmerie. C'était une vraie partie de plaisir. On était si bien avec lui! Il semblait oublier sa fatigue pour égayer ses charitables visiteurs. La récréation se passait si gaiement qu'un jour l'infirmier se mit à dire : « Ils le mangeraient, ce petit Frère, tant ils l'aiment. »

« Il fallait le voir et l'entendre quand il parlait de sa Kabylie. Un moment le bruit courut que les Pères qui travaillaient à cette Mission allaient en être retirés. C'est alors que le F. Rivière se donna du mouvement! Il allait de tous côtés quêter des prières pour obtenir que ce malheur fût conjuré. A l'un, il demandait un chapelet, à un autre une Communion, à celui-là, une Messe, etc. (1).

Voici enfin l'appréciation qu'a bien voulu nous envoyer le R. P. Antier, Supérieur du Séminaire de Vals, du temps du F. Rivière :

« Le F. Joseph Rivière m'avait laissé l'impression d'un religieux déjà accompli et qui avec des talents intellectuels médiocres, promettait, par la force de sa vertu, d'opérer de grandes choses pour la gloire de Dieu.

« Caractère simple et droit, allant à Dieu, à ses Supérieurs, à ses Frères, à ses œuvres, à découvert toujours et sans bruit.

« Ame énergique marchant au but d'un pas égal

<hr>

(1) *Souvenirs des PP. Valès, Lambert, etc.*

et soutenu, sans compter avec les difficultés et les épreuves.

« Oubli de soi-même, mortification, charité et zèle.

« Ce sont les principaux traits qui m'apparaissent et qui disent l'idée que je m'étais faite de cette vertu peu ordinaire, surtout dans un jeune religieux de vingt-cinq ans. »

On était aux derniers jours du mois de juin 1880. Le P. Rivière allait terminer sa première année de théologie lorsque survint l'exécution des fameux décrets.

Comme ses chers confrères, il se vit brutalement expulsé de ce cher asile de Vals, où il avait passé trois années si paisibles et si bien remplies. Ce fut alors qu'il prit une détermination pour lui bien grave.

Il demanda à ses Supérieurs à être envoyé dans une Mission tout récemment confiée par le Saint-Siège à la Compagnie de Jésus, la Mission du Zambèze, dans l'Afrique australe.

Pourquoi cette détermination, demandera-t-on peut-être? Lui qui semblait n'avoir d'autre désir que de rejoindre au plus tôt sa chère Kabylie, le voilà qui y renonce pour aller ailleurs! N'obéit-il pas à l'inspiration d'un caprice? N'est-il pas le jouet d'une volonté inconstante?

Rien de tout cela. Renoncer à la Kabylie fut pour le P. Rivière un sacrifice, dont Dieu seul a pu mesurer la grandeur.

Mais il le fallait. Le même pouvoir qui, sans plus de forme que de justice, l'avait jeté à la rue, venait de reconnaître le dévouement patriotique des Missionnaires Jésuites de la Kabylie, par la fermeture de leurs écoles, au grand scandale et à la profonde douleur des kabyles.

Cette chère Mission lui était donc fermée. Serait-elle rouverte plus tard? C'était douteux. Si oui, quand? Attendre dans cette incertitude ne pouvait convenir au caractère du P. Rivière. Tel fut l'unique motif de sa nouvelle détermination. « Si nos Pères n'eussent pas été expulsés de la Kabylie, écrivait-il à sa bienfaitrice, rien ne m'eût décidé à demander la Mission du Zambèze. Maintenant, mon parti est pris. »

Le Zambèze, ce n'était pas la Kabylie, mais c'était encore l'Afrique, sa chère Afrique. La Mission était à ses débuts. Tout était à organiser. Les souffrances, les privations, les dangers même de mort allaient abonder. Là enfin, son zèle ne rencontrerait pas, comme en Kabylie, des entraves qui blessaient également son cœur de prêtre et de Français : autant de motifs pour le décider, autant de dédommagements au sacrifice de ses chers kabyles.

Les Supérieurs approuvèrent sa demande; mais avant de le laisser partir, ils voulurent qu'il achevât sa Théologie. Pour cela, on l'envoya en Angleterre.

CHAPITRE TREIZIÈME

En Angleterre. — Epreuves de l'exil. — Travaux divers.

OILA donc notre P. Rivière sur la terre de l'exil, dans la province de Galles, en Angleterre, sous un ciel qui est loin de lui rappeler, sinon par contraste, l'azur du ciel Algérien. Tandis que la plupart de ses confrères de Vals ont la consolation de se trouver réunis dans une maison à eux et peuvent conserver la plupart des usages de la mère-patrie, il est, lui, tout seul Français dans une maison de Jésuites Anglais. Personnes, langue, usages, tout est nouveau pour lui.

Ce concours d'épreuves ne l'abat point. Il l'envisage comme un apprentissage de la vie de Missionnaire; c'en est assez pour qu'il l'accepte avec courage. Acclimatation, habitude aux usages locaux, pratique même de la langue anglaise, pour lui ce fut l'affaire de quelques semaines. Un Père français, venu à Saint-Bennos peu après le P. Rivière, était émerveillé de cette rapide transformation.

« Le P. Rivière, écrit-il, arriva ici au mois de juillet 1881. Il se mit immédiatement à l'étude de l'anglais

et l'apprit convenablement en un temps relativement très court. Quand j'arrivai, il le parlait couramment. Je fus frappé alors de la facilité avec laquelle il s'était fait aux coutumes anglaises. On aurait dit qu'il ne lui en avait rien coûté de changer complètement de vie et d'usages. Ce n'est pas pourtant qu'il eût cessé d'être lui-même. Il avait toujours cette joviale brusquerie que vous savez; mais il en noyait les petits accès dans une si grande charité qu'elle ne faisait que relever son caractère et lui donner un relief qui plaisait à tous. »

La principale occupation du F. Rivière à Saint-Bennos est la Théologie. Il comprend trop l'importance de cette science pour ne pas lui donner toujours la première place dans ses efforts. Mais son activité dévorante ne saurait se borner à cette étude. Il veut faire provision de tout ce qui doit le mettre en état de rendre plus de services à sa Mission. Pour cela, aucune peine ne lui coûte. De fait, on est à se demander comment, en si peu de temps, il a pu faire marcher ensemble tant de travaux.

Comme un général prudent étudie avec soin le terrain sur lequel il doit livrer bataille, le P. Rivière s'applique à connaître tout ce qui a rapport au futur théâtre de ses combats contre Satan. Sur les cartes géographiques, dans les livres qu'il s'est procurés, il étudie les contrées immenses qu'embrasse la Mission du Zambèze, leur topographie, les mœurs des habitants et jusqu'à leur langue. Avec un intérêt sans pareil, il suit pas à pas, dans leurs lettres, les pénibles étapes des premiers Missionnaires à travers ces régions inconnues.

Ce n'est pas assez. Sans attendre à plus tard, il veut travailler directement pour sa Mission. Il pense que, répandues de côté et d'autre, les lettres des Missionnaires intéresseront à la Mission et lui attireront soit des ressources, soit des ouvriers ; que fait-il ? il ne recule pas devant la peine de les traduire en français et d'en faire des copies.

Sa correspondance est considérable ; dans l'intérêt toujours de la Mission, il s'est mis en relation avec plusieurs savants de France et d'Angleterre et il échange avec eux de fréquents rapports sur des matières scientifiques qui ont dû lui coûter beaucoup de travail. Il écrit aux Missionnaires du Zambèze, à plusieurs de ses confrères ; il continue enfin sa correspondance avec l'Ecole apostolique, avec sa bienfaitrice, etc.

Quelques extraits de cette correspondance donneront une idée des travaux du P. Rivière et procureront en même temps l'édifiant plaisir de lire un peu au fond de cette belle âme.

Mais auparavant, nous désirons confirmer ce qui vient d'être dit tout à l'heure, par les renseignements suivants, que nous devons à l'obligeance du P. Courtois, missionnaire à Tété :

« Depuis ma sortie de Vals, je n'ai plus eu l'occasion de me rencontrer avec ce fidèle ami, le P. Rivière, mais son souvenir, comme son amitié, m'a constamment suivi.

« Plusieurs fois, il vint, par correspondance, stimuler mon zèle à demander la Mission du Zambèze. Je regrette d'avoir détruit ou égaré les lettres qu'il m'écrivait d'Angleterre sur cette Mission à laquelle il s'était déjà agrégé.

« Quand il apprit, par je ne sais quelle voie, que j'avais fait des démarches pour demander d'être admis à la Mission naissante, il entonna un *Magni-ficat* de louanges au Seigneur. « Enfin, m'écrivait-il,
« je sais votre secret! et je le tiens de haut lieu...
« Oui, vous serez des nôtres... Continuez à prier...
« La position ne peut s'emporter qu'à la pointe de
« l'épée. Oh! quelle grâce de pouvoir nous dévouer
« dans le dénuement le plus complet!... Le climat
« brûlant du Zambèze sera un bon moyen pratique
« de nous rappeler sans cesse la fournaise ardente
« du Cœur de Jésus, où nous devons retremper nos
« âmes. »

« A ses éminentes qualités du cœur, le P. Rivière joignait les dons non moins précieux de l'esprit. Linguiste habile, médecin, géographe, homme de tact et de bon sens, il pouvait fournir une noble carrière et rendre d'immenses services à la science et à la religion. Déjà il était en relations suivies avec des personnages distingués et des savants. Il était membre de la Société Royale de Géographie de Londres et l'ami intime d'un de ses chefs les plus autorisés, M. Robert Cust. Les membres de cette Société lui avaient promis des secours pour l'aider à explorer un lac encore peu connu de l'Afrique équatoriale. Je joints deux documents qui vous montreront l'estime qu'avaient de lui le P. Brucker et M. G..., un écrivain de Paris, qui publie des ouvrages sur les diverses langues.

« Le P. Rivière notait avec un soin jaloux tout ce qui avait trait au Zambèze et aux nouvelles découvertes des explorateurs. Il s'était fait un recueil précieux sur les moyens de traiter les maladies auxquelles on est exposé dans les régions tropicales, principalement les fièvres. »

Extraits des lettres du P. Rivière à sa bienfaitrice.

Il lui donne un aperçu de ses occupations :

« *10 juillet 1882.* — Me voilà en possession de la langue anglaise. Je cause, j'écris, je prêche en anglais. — Voici sous mes yeux un *Dictionnaire* et une *Grammaire* pour le Portugais ; chaque matin, j'en introduis quelques pages dans ma tête : c'est indispensable ; heureusement, ces livres de langues font mes délices. Ma bibliothèque ne renferme que ces sortes d'ouvrages : *Grammaire comparée des langages de l'Afrique du Sud ; Grammaire* et *Dictionnaire du Souaheli ; item du Yao ; item du Makua ; item du Kinyanza ; item des Dialectes de Tété, Quilimane, Sena, Sofala, etc.,* etc. Par bonheur, toutes ces langues barbares se ressemblent un peu et les livres ne sont pas trop gros ; quand il s'agit d'apprendre par cœur, je

déteste les gros livres ; c'est trop décourageant, bien
que le zèle dévore tout. »

Le zèle dévore tout! Le cher Père l'a montré
bien souvent. Il va le montrer encore.

« *6 janvier 1883*. — Je rentre à peine d'une
excursion scientifique et sur ma table s'est trouvé un
bouquin de 90 pages, qu'il m'a paru utile de trans-
crire. Après quatre jours passés à ce travail, je
m'aperçois que la volonté a été plus forte que la
raison ; car je renvoie le livre à son auteur avec un
bon mal de tête ; ce soir, j'irai prendre l'air sur nos
montagnes et tout sera fini. »

Son Supérieur vient de lui confier un projet qui
est une haute marque de confiance. Il y est sensible, mais c'est moins pour lui que pour ses bienfaiteurs :

« Le R. P. Weld, Supérieur général de la
Mission, m'a recommandé dernièrement de me
préparer à diriger une expédition dans l'intérieur de
l'Afrique. Je suis vraiment flatté de l'honneur. Le
P. Bonnay sera content de voir que ses apostoliques
marchent en tête et combien on a confiance dans le
courage de ses enfants. »

On a recommandé aux prières du Père un jeune
homme dont les égarements font la désolation de sa
mère. Il promet de prier de tout son cœur et son
zèle le pousse à indiquer quelques-uns des moyens

qui pourraient amener la conversion du jeune prodigue :

« Le jeune de M..., qui désole sa mère par la manière dont il dissipe les biens de ce monde ouvrira un jour les yeux sur ce qu'on appelle les folies de la jeunesse. Tous les jeunes gens, à peu d'exception près, sont des fous, c'est-à-dire ils ne se rendent compte de rien. Si ce jeune homme pouvait se décider à faire quelques jours de retraite en suivant les Exercices de saint Ignace ; s'il pouvait se pénétrer de ces premières lignes du livre précité : *L'homme est créé pour connaître, aimer et servir Dieu et, par ce moyen, obtenir la vie éternelle ;* si, après cela, il voulait chaque soir examiner la manière dont il a aimé et servi Dieu, je suis convaincu qu'il suivrait un tout autre chemin. Mais la grâce de Dieu, toute puissante qu'elle soit, reste stérile si l'homme ne se prête à ses inspirations, s'il n'a, de son côté, tant soit peu de bonne volonté. Enfin, si ce moyen ne suffisait pas, je prie Notre-Seigneur que ce jeune homme trouve sur son chemin un nouvel Ignace, qui le poursuive de ces autres paroles : *Que sert à l'homme de gagner l'univers s'il vient à perdre son âme?* François-Xavier en fut tellement bouleversé que, de professeur de philosophie, ne pensant qu'à la gloire mondaine, il devint saint François-Xavier, apôtre des Indes et du Japon. »

Inquiète sur la persévérance de deux étudiants

ecclésiastiques à qui elle s'intéressait, la bienfaitrice du P. Rivière lui avait fait part de ses préoccupations. Seriez-vous donc *mon unique Missionnaire*, avait-elle ajouté? Cette dernière réflexion impressionna vivement le Père. En répondant, il sent tout d'abord le besoin de s'humilier.

« Notre-Seigneur m'a appelé, notre vénéré P. Martin m'a *déniché* (pardonnez-moi l'expression), et m'a conduit à l'École apostolique; et pendant qu'il prie pour nous, du haut du Ciel, je puis dire en toute vérité : 'Tout ce que j'ai, ne l'ai-je pas reçu? *Votre unique Missionnaire!* ces trois mots me donnent le frisson; car plus vous sacrifiez en ma seule faveur et vos prières et votre dévouement, plus vous chargez mes épaules d'une responsabilité effrayante. Et si je ne réalise pas l'idéal que vous attendez de votre protégé, sans le vouloir, vous l'envoyez en Purgatoire pour de longues années! »

L'humilité satisfaite, afin de consoler sa bienfaitrice, le Père lui promet non seulement de persévérer, mais de redoubler d'efforts pour compenser le bien que ses anciens protégés auront négligé de faire.

« Encore une fois, ces trois mots : *Votre unique Missionnaire,* me donnent grandement à réfléchir. Sans vous en douter, vous m'avez dit dans ces trois mots : Soyez humble, zélé; si Notre-Seigneur veut que vous soyiez *l'unique*, comptez pour trois;

devenez un religieux exemplaire, un prêtre modèle, un missionnaire infatigable. Eh bien, je vous le répète, devant Dieu et au nom de toutes les âmes que Notre-Seigneur me destine, si je suis fidèle, ma vie répondra à vos désirs et à mes obligations. »

Ce n'est pas, au reste, sur ses propres forces qu'il compte pour réaliser ces belles espérances; mais sur le secours divin. Aussi ne cesse-t-il à toute occasion d'engager sa bienfaitrice à s'unir à lui pour obtenir les grandes grâces dont il sent qu'il a besoin.

« *3 décembre 1882.* — Demandez au Sacré-Cœur que je marche sur les traces de notre Bienheureux Père saint François-Xavier, dont nous célébrons aujourd'hui la fête. Comme lui, puissé-je vivre et mourir pour Jésus-Christ !

« *4 juin 1882.* — Ne m'oubliez pas, je vous prie, auprès du Sacré-Cœur de Notre-Seigneur. Vous connaissez le but de ma vie : L'Afrique, l'Afrique, l'Afrique ! Vous devinez ce dont j'ai besoin !

Ce n'est pas seulement à être un saint Missionnaire qu'il aspire : Une plus haute ambition fait battre son cœur.

« Demandez à Notre-Seigneur, en vous unissant à moi, qu'une de ces Majestés noires dont l'Afrique centrale fourmille, rende à mon âme ce très enviable et inestimable service qui s'appelle : mourir pour la gloire et le nom de Jésus-Christ ! »

Telle était l'ardeur de ce désir du martyre qu'il était passé chez lui à l'état de pressentiment intime, on pourrait presque dire de certitude. De là, dans son cœur, deux sentiments également dignes d'un apôtre.

« On ne peut être prophète à vingt-neuf ans; mais quoique bien incertain de la longueur des années que Notre-Seigneur me destine, je n'ai aucun doute sur la manière dont la mort me séparera de ce monde. »

« Mon plus grand désir, écrit-il une autre fois, est de vivre de longues années en Afrique. Cependant, à la garde de Dieu et arrivera que pourra! »

Dans une lettre à un confrère et datée de la même époque, il disait :

« Que m'arrivera-t-il en Afrique? Mon Dieu, je crains de mourir jeune! Mourir sans avoir rien fait pour mes petits nègres d'Afrique! Mon cher Frère, je n'y suis point résigné, à moins que je ne tombe sous la sagaie de quelque sauvage. Et pourtant il me semble qu'il en sera ainsi. Depuis longtemps cette idée me poursuit. Je m'y complais avec une joie infinie, loin de m'en effrayer. Non, non, ce n'est point de l'imagination; l'imagination n'est ni si tenace, ni si persévérante. »

Cette espèce d'assurance du martyre ne s'est point réalisée pour notre cher Missionnaire, du moins au sens rigoureux. S'en suit-il qu'elle n'était que le fruit de l'imagination? Nullement. Dieu a pu la lui inspirer pour lui ménager le mérite du martyre de désir. Certainement, ce joyau ne doit pas manquer à sa couronne.

Pour ne point allonger outre mesure ce chapitre, nous donnons en appendice, à la fin du volume, des extraits de lettres très intéressantes du P. Rivière, se rapportant à la mission du Zambèze.

CHAPITRE QUATORZIÈME

L'ami persévérant des kabyles.

VOIR l'ardeur du P. Rivière pour sa Mission du Zambèze et les travaux auxquels il se livre afin de s'y préparer, on pourrait être tenté de croire qu'il a totalement renoncé à s'occuper de la Kabylie. Il n'en est rien pourtant.

Il suit ses anciens élèves avec une sollicitude paternelle dans toutes les carrières qu'ils ont embrassées. Rien de ce qui les touche ne le trouve indifférent : il s'associe à leurs peines comme à leurs joies. Ceux en qui il avait remarqué de plus grandes dispositions à la piété, il travaille à leur faciliter les moyens de recevoir le baptème; il leur cherche ensuite des emplois dans des milieux où leur foi ne sera pas trop exposée. Plusieurs lui doivent ainsi le bonheur d'être devenus chrétiens. Pour les autres, il ne néglige rien afin de sauvegarder au moins leur innocence. Que de preuves il donne à tous de son constant dévouement! Que de démarches il fait pour leur rendre service!

« Croyez-vous que j'ai oublié la Kabylie, écrivait-il un jour à sa bienfaitrice? Oh non! je reçois souvent des lettres de nos enfants, petits et grands. En voici un, dont l'histoire est si intéressante que je ne puis résister au plaisir de vous la raconter. Avec l'aide de Dieu, j'ai arraché ce pauvre enfant à une apostasie certaine.

« Dans le village d'une des tribus où nous étions établis, se trouvait un marabout (prêtre musulman), d'une grande influence ; en 1870, il était à la tête des tribus révoltées contre la France. Cela ne l'empêcha pas de nous confier l'éducation de ses deux enfants : deux étourdis *de première force,* ne craignant que le bâton, les soufflets et leur père ; mais deux excellents cœurs et assez réguliers dans leur conduite. Les deux enfants en vinrent peu à peu à désirer le baptême.

« Pour éviter les inconvénients qu'un tel acte pouvait amener, ils demandèrent à leur père et obtinrent l'autorisation d'aller chez les Trappistes de Staouëli pour y apprendre un état. Là, ils firent tant d'instances que, après les avoir bien éprouvés, on les baptisa et on leur fit faire leur première Communion.

« L'année dernière, leur père se rendit à la Trappe et obtint du Père Abbé un congé pour ses enfants sous prétexte de les faire assister au mariage de leur sœur : ce n'était qu'une supercherie. Les enfants reprirent le chemin de la Trappe. Le père revint bientôt et demanda au Père Abbé les gages des enfants pour l'année courante ; les gages furent donnés : les enfants en furent informés quand ils réclamèrent leur paye trimestrielle. Frustrés de tout secours pécuniaire, contre leur volonté, ils quittèrent la Trappe et se placèrent comme domestiques chez un colon. Alors l'un d'eux, Augustin, m'écrivit, en me conjurant de lui donner le moyen de venir en Angleterre. Réflexion faite, je pris fait et cause pour lui, et je me promis de tout essayer, afin de le tirer de l'Algérie, c'est-à-dire de l'apostasie où il eut succombé tôt ou tard, malgré son caractère énergique. Un jeune homme, de pur sang musulman, d'un tempérament de feu, abandonné de son père, errant de ferme en ferme pour trouver de quoi vivre, quand il eût pu, en retournant au village, jouir de toutes les aises de la vie, un enfant qui, au rapport du Supérieur de nos Pères d'Alger, qui le suivaient de près, avait conservé son innocence, un enfant que j'avais élevé et que j'affectionnais du fond du cœur méritait toutes mes sympathies. Il était d'ailleurs majeur, d'après la loi kabyle. Comme il fallait peu songer à l'appeler en Angleterre, je lui proposai de s'engager, comme auxiliaire volontaire, dans la Mission du Zambèze et de partir avec moi : « Si « vous acceptez, lui écrivais-je, rendez-vous au Col- « lège de Malte et attendez mon passage. » J'invitai l'enfant à demander le prix du voyage au Père Abbé de la Trappe de Staouëli, auquel j'écrivis aussi pour le prier de solder, en mon nom, les frais de la traversée. Mes deux lettres restèrent sans réponse : une seconde, une troisième n'eurent pas meilleur succès.

« Je me dis enfin ou que l'enfant n'acceptait pas les conditions proposées ou bien, que mes lettres ne lui étaient pas parvenues, par suite de changement de domicile. Après sept mois d'anxiété, je reçus enfin une lettre d'Augustin, datée de notre Collège de Malte, ainsi conçue :

« MON CHER PÈRE RIVIÈRE,

« Me voici au Collège de Malte mais vous ne
« sauriez croire tout ce que j'ai souffert pour y arri-
« ver. Quand j'ai reçu votre lettre, je suis allé chez
« le Père Abbé, qui m'engagea à suivre vos con-
« seils; mais il me dit aussi qu'il ne voulait rien me
« donner parce qu'il craignait mon père. J'allai donc
« à mon village (qui est à cent cinquante kilomètres
« de Staouëli), pour demander à mon père l'argent
« nécessaire pour le voyage, il me refusa. Aban-
« donné de tout le monde, n'ayant que 14 francs
« dans la poche et ne sachant plus à qui m'adresser,
« puisque vos Pères avaient tous quitté et la Kabylie
« et l'Algérie, je me mis à travailler; après quinze
« jours, j'avais gagné 45 francs. Je pris le bateau à
« Alger et me voici à Malte (1). »

(1) En envoyant chez les Pères de Malte cet intéressant jeune homme, le P. Rivière se proposait deux choses : faire examiner sérieusement sa vocation et dans le cas où l'examen ne serait pas favorable, l'établir dans un milieu chrétien. Les Pères de Malte craignirent que, pour ce fils du désert, malgré ses bonnes qua-

« Vous ne sauriez croire, chère bienfaitrice, toute la consolation que me donna cette lettre.

« D'autres enfants m'écrivent aussi, mais ils sont encore musulmans et il n'y a rien à faire pour eux, sinon de les exhorter à mourir en demandant pardon à Dieu de leurs péchés. Hélas! quand je pense à toute la peine que ces enfants nous ont donnée durant dix ans et qu'il a fallu les quitter, par suite des décrets, juste à la veille de leur donner le baptême, vous avouerez que ce doit être triste; aussi, je ne puis lire leurs lettres et leur répondre sans un grand serrement de cœur. »

Citons encore une lettre, entre bien d'autres, afin de faire connaître les peines que se donnait pour le salut de ses chers kabyles, leur ancien Missionnaire :

lités, l'épreuve du Zambèze ne fut au-delà de ses forces. Il se maria avec une pieuse Maltaise et actuellement il vit en bon chrétien au service des Pères. Le 30 novembre 1884, il écrivait à la bienfaitrice du P Rivière une lettre fort touchante d'où nous extrayons quelques lignes seulement. Les bons sentiments de ce cœur kabyle et ses accents reconnaissants font si bien ressortir le zèle déployé en Kabylie par le jeune Missionnaire de vingt-trois ans!

« Madame, je vous remercie beaucoup des images que vous m'avez envoyées comme souvenir du bon P. Rivière. Que ces souvenirs me sont précieux! Ce bon Père qui a tant travaillé pour ces pauvres kabyles il m'est resté bien profondément gravé dans le cœur. J'espère que le bon Dieu l'aura déjà admis à jouir de sa présence. Il a tant souffert ici-bas. Par ses souffrances, il a gagné bien des mérites. »

o janvier 188;.

« Mon cher Joseph,

« A mon tour, je vous envoie mes meilleurs souhaits de bonne année. Continuez avec courage à marcher en avant, étudiez beaucoup, ne dites jamais : c'est assez ; sanctifiez-vous, comme à l'École apostolique on vous apprend à le faire, et, de temps en temps, pensez à celui que vous appelez votre bien-aimé Père ; et, assurément, lui aussi vous aime encore et prie toujours pour son cher Joseph. Je crois vous avoir donné des nouvelles de X... Il m'a écrit dernièrement du Collège de Malte, comme vous diriez du Collège Saint-Joseph d'Avignon. »

« Il est là toujours très content et en sûreté pour une partie de sa vie. En voilà un qui m'a coûté de la peine ! Heureusement qu'il y a mis de la bonne volonté. Enfin, grâce à Dieu, je suis maintenant bien tranquille à son sujet. Avez-vous connu M..., qui était à Ben-Aknoun ? il est maintenant en Syrie, au Noviciat, comme Frère coadjuteur. Il en reste un quatrième que je voudrais bien tirer de l'Algérie avant de partir pour l'Afrique ; c'est le frère de X..., je ne sais où le trouver, mais une lettre de lui m'arrivera bientôt et quand j'aurai son adresse, je m'occuperai à le caser à Marseille. Il n'y a plus que moi qui m'occupe de ces pauvres enfants baptisés ; les autres Pères de la Kabylie sont tous loin.

« X... ne m'a pas écrit depuis longtemps ; sans doute, il oublie un peu les absents, ou bien peut-être a-t-il perdu mon adresse. De temps en temps, il m'arrive des nouvelles du Djema par A..., qui est toujours fidèle, bon enfant, mais mahométan. En voilà un autre que j'aurais voulu arracher au diable ; maintenant, impossible ; si, au moins, je pouvais le revoir encore une fois ! mais, hélas ! où et quand ? »

Revoir la Kabylie ! revoir ses anciens élèves ! ô le doux rêve pour le P. Rivière ! Sa réalisation, hélas ! en est bien peu probable ; mais, si par hasard, l'occasion s'en présentait ! Cette seule pensée le fait tressaillir.

« Puisque de Lisbonne au Zambèze je dois revoir la Méditerranée, puisse un coup de vent nous jeter dans le port d'Alger pour quelques jours. Oh ! je vous l'assure, je ne quitterai pas ces rives sans courir en Kabylie, revoir nos maisons, nos enfants et tous nos amis. Le chemin, d'Alger à la montagne, m'est bien connu ; et, dans la montagne, je vois d'ici tous les monticules, tous les sentiers, toutes les vallées, tous les villages ; c'est pour moi comme un pays natal ; cent portes s'ouvriront pour me recevoir ; j'irai pleurer encore une fois, sur tant d'âmes malheureuses qui ont entrevu le chemin du Ciel et qui l'ont perdu de nouveau pour l'éternité. »

Hélas ! cette consolation ne lui sera point accordée. Il reverra sa Kabylie, il est vrai, mais de loin seulement, lorsque sur le bateau qui l'emmène à

Alexandrie, il en longera le rivage. Alors, que se passait-il dans son cœur !

La veille de son départ, il écrivait à un de ses Frères en religion :

« Je vais enfin partir pour l'Afrique, mais en allant au Zambèze, j'emporterai dans mon cœur l'amour de mes pauvres kabyles, et en mourant je penserai encore à eux. »

CHAPITRE QUINZIÈME

Vertus religieuses du F. Rivière. — Il est ordonné prêtre.
Ses projets d'apostolat.

OUS venons de donner un aperçu des occupations du P. Rivière en Angleterre. Théologie, étude des langues anglaise, portugaise, et des idiomes divers de l'Afrique australe, vaste correspondance, prédications de temps à autre en langue anglaise, transcription de notes de tout genre, sur les matières qui peuvent lui être de quelque utilité dans sa mission, voilà les travaux qu'embrasse son activité dévorante.

Mais cette activité a ses écueils. Quand l'esprit est surmené par la multitude des occupations, bien des choses, importantes pourtant, sont en péril : les devoirs de la vie religieuse, les exercices spirituels, même les rapports avec le prochain, et surtout avec les confrères.

Il n'en fut pas ainsi pour notre infatigable travailleur. Il sut être toujours et avant tout un excellent religieux. La lettre suivante, parmi bien d'autres, en sera une preuve surabondante.

« On peut dire que la charité était la vertu carac-
téristique du P. Rivière. Tout le monde est d'accord
ici sur ce point. Je vous donnerai un exemple de
cette charité.

« L'an dernier, au commencement du mois de
novembre, arriva inopinément à Saint-Bennos, un
scolastique étranger à la province. Il n'y avait plus de
chambre libre. On se trouvait embarrassé, parce qu'il
est d'usage ici que chacun ait sa propre chambre qui
est, d'ailleurs, fort petite. En règle générale, c'eût
été à un théologien de première année à donner
l'hospitalité au nouveau. Le P. Rivière était en
seconde année; mais dès qu'il apprit l'embarras des
supérieurs, il alla s'offrir à partager sa chambre.
Pendant toute l'année, il eut ainsi un compagnon.
Pour qui connaît les petites servitudes qui naissent de
cette vie en commun, cet acte de charité a bien sa
valeur.

« Cette charité était particulièrement sensible au
réfectoire quand le P. Rivière servait. Le service est
ici un peu pénible à cause de la nombreuse communauté. La charité du P. Rivière savait se multiplier.
J'ai souvent entendu dire autour de moi que c'était
plaisir de le voir toujours occupé à deviner vos
besoins et à prévenir vos demandes.

« Aussi était-il universellement aimé à Saint-Bennos
et tout le monde le regardait comme devant faire un
excellent missionnaire.

« Le R. P. Recteur, qui connaît bien les Missions,
pour y avoir été Supérieur-Général pendant plusieurs

années, m'a dit lui-même que, s'il avait eu à désigner
quelqu'un dans la communauté pour aller au Zambèze, son choix serait indubitablement tombé sur le
P. Rivière. »

Le 24 septembre 1882, fut un beau jour pour
toute la communauté de Saint-Bennos et surtout
pour le P. Rivière. Ce jour-là il était ordonné prêtre!
Le lendemain, il avait le bonheur de dire sa première
messe. Dans quels sentiments d'humilité, de reconnaissance, d'amour? Son journal spirituel en a sans
doute reçu la confidence; mais il en a emporté le
secret dans les solitudes africaines.

Les premières bénédictions du nouveau prêtre
furent pour ce qu'il avait de plus cher au monde.
L'Ecole Apostolique ne fut point oubliée. Le jour
même de son ordination, il écrivit au Père Directeur :

« Recevez, pour vous d'abord, ensuite pour tous
vos chers apostoliques la première bénédiction sacerdotale d'un de vos enfants. »

A ce touchant témoignage de piété filiale et de
charité fraternelle, son cœur avait voulu ajouter
quelques lignes particulières pour son cher kabyle.

« Mon bien cher Joseph, que la bénédiction de
Notre-Seigneur descende sur vous et y demeure
toujours!

« Vous avez raison d'envier mon bonheur et vous
le comprendrez mieux encore si, un jour, vous êtes
ordonné prêtre de Jésus-Christ.

« Merci de vos prières. Vous avez eu une bonne part dans mon souvenir de ce matin et vous l'aurez encore dans celui de demain, quand, pour la première fois, je tiendrai en mes mains Celui qui est notre Créateur, notre Rédempteur et notre Maître.

« J'irai vous voir l'année prochaine, sans manquer. Adieu, mon cher enfant,

« Votre père tout affectionné en Jésus-Christ. »

Prêtre, le P. Rivière ne modifia guère son genre de vie jusqu'au jour de son départ; il continuait l'étude de la théologie et ses autres travaux avec une ardeur qui, loin de se relâcher, semblait grandir à mesure qu'approchait la date de ce départ. Il arrêtait ses dernières dispositions, et dressait ses plans de campagne.

Ici encore, nous nous prenons à regretter la perte de ses manuscrits, ce trésor de notes, fruits de tant de recherches. Il ne s'en est trouvé qu'une seule parmi ses effets échappés au pillage. Il l'avait extraite d'une vie latine du grand apôtre des Indes, saint François-Xavier; c'était évidemment dans le dessein de s'en servir au Zambèze.

Voici cette note :

« Le dimanche, j'assemblais tout le monde dans la chapelle. Je commençais par enseigner ou rappeler que Dieu est un en nature et trois en personnes. Je récitais ensuite tout haut et distinctement le *Pater*, l'*Ave* et le *Credo*, et tous le disaient après moi. Puis,

je répétais seul le symbole et, insistant sur chaque
article, je leur demandais s'ils croyaient sans aucun
doute. Du symbole, je passais au Décalogue et je
leur annonçais que la loi chrétienne est comprise
dans ces dix préceptes ; que celui qui les garde bien
est un bon chrétien qui aura pour récompense la vie
éternelle ; qu'au contraire, celui qui viole en matière
grave un seul de ces préceptes est un mauvais chrétien qui sera damné éternellement, s'il ne se repent.
Ensuite, je récitais avec eux le *Pater* et l'*Ave*.

« Nous reprenons de nouveau le symbole, et à
chaque article, au *Pater* et à l'*Ave*, nous entremêlons
une courte prière : Jésus, Fils du Dieu vivant, faites-
nous la grâce de croire sans hésiter ce premier article
de notre foi. Nous vous offrons à cette intention la
prière que vous nous avez enseignée. O Marie, sainte
Mère de Notre-Seigneur Jésus-Christ, obtenez-nous
de votre Fils bien-aimé, la grâce de croire cet article
sans le moindre doute. Ainsi après chaque article.

« On parcourt à peu près de la sorte les préceptes
du Décalogue. Après avoir récité ensemble le premier
précepte, nous prions ainsi : Jésus, Fils du Dieu
vivant, accordez-nous la grâce de vous aimer par-
dessus toutes choses, *Pater*, *Ave*, *Credo*. O Marie,
sainte Mère de Jésus, obtenez-nous de votre Fils la
grâce d'observer fidèlement ce premier précepte. *Ave*.
On change la formule pour chaque commandement.

« Je fais réciter à tous le *Confiteor* et principalement à ceux qui doivent recevoir le baptême auxquels
je fais dire encore le *Credo*. A chaque article je leur

fais faire un acte de foi ; après quoi je leur adresse une exhortation. Enfin, je les baptise et tout se termine par le chant du *Salve Regina*. »

On a remarqué, disent les historiens de saint François-Xavier, que les fidèles, instruits et baptisés directement par ce modèle des missionnaires, se distinguaient par la vivacité de leur foi et par leur persévérance. Ne serait-ce pas, en bonne partie, le résultat de cette méthode si éminemment apostolique d'évangélisation !

On voit que le P. Rivière choisissait bien ses modèles.

Certains passages de ses lettres peuvent aussi nous initier à quelques-uns de ses projets et nous montrer quelle forme pratique et surnaturelle il entendait donner à son apostolat.

« Les enfants, au Zambèze comme en Kabylie, tel sera le principal objet de mes travaux. J'ignore ce qui, au Zambèze, s'oppose à entreprendre la même chose ; mais il me semble qu'on ne pousse guère cette œuvre qui, à mon avis, est un point fondamental. Quand je serai là-bas, j'étudierai les difficultés et, avec l'aide du Sacré-Cœur, nous en viendrons à bout. Ainsi donc, Madame et Chère Bienfaitrice, attendez-vous à ce que, dans quelques années, je vous intéresse surtout à une pareille œuvre ; elle me tient à cœur par-dessus tout. Avec les enfants, on peut faire des merveilles et rapidement.

« Les perles que vous me destinez sont destinées à être portées par les petits baptisés, afin de les recomaître dans la foule des infidèles. Mes récits sur la *sauvagerie noire* ne sont que la millième partie de ce que je pourrai vous raconter à l'avenir. Je vous promets de longs extraits des lettres de nos Missionnaires.

« Soyez auprès de la Dame qui a bien voulu vous remettre son aumône pour la mission, l'interprète de ma gratitude. Quand j'arriverai au Zambèze, j'emploierai cette somme au rachat d'un petit nègre. Vous pouvez le lui promettre.

« C'est en la fête du Sacré-Cœur que je clos ma lettre : à ce propos, savez-vous bien que c'est le jour même de la fête du Sacré-Cœur, en 1874, qu'arriva la dépêche qui m'envoyait en Kabylie? Voyez sous quels auspices j'ai inauguré ma vie de missionnaire! Je m'en suis trop bien trouvé pour chercher refuge ailleurs : aussi n'aborderai-je pas au Zambèze sans emporter une bannière du Sacré-Cœur; elle sera mon guide, dans tous mes voyages, et, au moment du danger, notre égide; c'est sous son ombre que nous mourrons. Cela fera peur au diable; pour abattre sa puissance en Afrique, il faudra donner de grands coups, suer beaucoup, et se fatiguer sans rien faire, en apparence : mais la cinquième et la dixième promesse sont là, comme garants du succès : *Dieu et mon droit*, ajoutons surtout : *l'obéissance parfaite, et en avant !*

« Demain, fête de saint François-Régis. Encore un

saint qui ne se ménageait pas. Je ne reverrai plus sa chambre au lycée du Puy où j'ai si souvent prié, et Notre-Dame de France aussi, et notre maison de Vals... Cette belle église consacrée au Sacré-Cœur, que nous décorions si bien pour le mois de juin... c'est dans cette maison que cherchaient refuge tous nos chers exilés d'Italie et d'Espagne. — Aujourd'hui, elle est déserte... »

CHAPITRE SEIZIÈME

Départ pour le Zambèze. — D'Angleterre à Marseille.
Adieux aux parents. — A l'École apostolique.

ANS les premiers jours de l'année 1883, le P. Rivière reçut une lettre du P. Courtois, lui annonçant son arrivée à Quilimane et son prochain départ pour Tété, où il doit rejoindre le P. Moulinard. Il s'empresse de répondre :

« 31 janvier 1883.

« MON BIEN CHER PÈRE,

« *Pax Christi.*

« Je dois avant tout vous remercier de votre bonne lettre de novembre dernier et vous féliciter d'être arrivé à bon port. »

Puis, après quelques détails particuliers, s'adressant aux deux Missionnaires de Tété :

« Mes biens chers Pères, leur dit-il, vous voilà au milieu du champ de bataille; montrez en tout évé-

nement votre grand cœur et n'oubliez pas que vous
êtes aux avant-postes ; comme tels, vos épaules sont
chargées d'un lourd fardeau ; et plus d'un qui, ici,
ambitionne de le partager, le trouverait insupportable
après la première heure. Votre exemple nous servira
de modèle, et, aux inexpérimentés qui viendront
vous tenir compagnie, vous pourrez parler d'expérience... Du sein de l'abondance, j'ose vous adresser des consolations ; ma tâche est facile et mon
audace extrême. Vous donner des conseils serait
impertinent. Je préfère vous offrir un *Memento* chaque
matin au saint Autel, en attendant que je partage vos
misères. Au revoir, mes biens chers et bien-aimés
Pères.

« Votre tout affectionné en Notre-Seigneur,

« J. RIVIÈRE. »

Cette lettre était à peine partie, qu'une dépêche de
Quilimane apportait la nouvelle de la mort du
P. Moulinard, emporté soudainement par la fièvre,
quelques semaines après son arrivée. Cette mort
inattendue dérangeait les combinaisons des Supérieurs, qui auraient voulu donner au P. Rivière le
temps de compléter certaines connaissances utiles à la
Mission.

Mais il fallait au plus tôt remplacer le P. Moulinard. Une dépêche télégraphique, porta au
P. Rivière, l'ordre de partir immédiatement. S'il
y eut surprise pour le Père, on va voir qu'il en eut
bien vite pris son parti.

« *Février 1883.*

« MADAME ET CHÈRE BIENFAITRICE,

« Mon départ a été précipité sur toute la ligne ; en vain désirait-on me garder à Londres et à Paris, pour me perfectionner dans certaines connaissances scientifiques ; rien n'y a fait. Mieux vaut d'ailleurs poursuivre une étude, c'est-à-dire celle des langues africaines, que d'embrasser toutes les études ; je ne m'exposerai pas ainsi à envoyer des notes superficielles ; de telles notes, les Académies n'en savent que faire ; elles ne font honneur ni à la science, ni à l'Eglise, ni à la Compagnie de Jésus.

. . . .

« Merci des prières que les Sœurs de la Visitation offrent au Sacré-Cœur pour mon voyage et mes travaux apostoliques : quarante-cinq jours de mer, avec les escales, et trois semaines en barque sur le Zambèze. Trouverai-je, là-bas, mon compagnon encore en vie ?

« Il m'attend depuis le mois de novembre.

« Me voici enfin tel que je le demandais depuis si longtemps à notre bon Maître. Que vos bonnes prières me soient continuées ; et puis, en avant sous sa sainte garde !

« En arrivant à Marseille, je porterai sur moi le reliquaire que les bonnes Dames de la Visitation de

Paray ont bien voulu vous remettre pour moi : il faut s'armer du secours d'en haut pour travailler sans découragement et durant de longues années sous un climat meurtrier. Du haut de Notre-Dame de la Garde, la France, mes parents, amis et bienfaiteurs recevront mes adieux : Je pars sans regrets, heureux, très heureux, vous le savez, et j'aime à vous le redire.

« Je vous écrirai aussi souvent que la poste me le permettra. »

On s'imagine facilement combien durent être touchants les adieux du P. Rivière à la maison de Saint-Bennos qui lui avait donné, pendant près de trois ans, une cordiale hospitalité et où il s'était concilié tant de sympathies. Toutefois, de cette journée d'adieux, aucune particularité digne de remarque n'est venue à notre connaissance. Il en est de même pour son voyage d'Angleterre en France.

C'est à Vinsobres, dans sa famille, que nous le retrouvons. Il y passa une quinzaine de jours pendant lesquels ses bons parents purent, une fois de plus, se convaincre que le dévouement apostolique, bien loin d'étouffer la tendresse filiale, ne la rend au contraire que plus vive. Par mille témoignages, il leur fit sentir qu'il les aimait tendrement, qu'il ne s'en séparait que pour l'amour de Jésus-Christ et des âmes; mais qu'en s'éloignant d'eux de corps, il leur resterait plus intimement uni par le cœur.

La famille du P. Rivière ne fut pourtant pas seule

à jouir de sa présence. Ces quinze jours devinrent pour la paroisse une véritable Mission.

Voici, en effet, ce que nous a écrit le digne curé, M. l'abbé Duranton :

« Le P. Rivière arriva à Vinsobres, le 3 mars. Le lendemain, quatrième dimanche de Carême, il dit en quelque sorte sa première Messe ici. La veille, les cloches avaient annoncé la solennité du lendemain ; l'assistance fut nombreuse.

« Je fus heureux de lui adresser quelques paroles sur le bonheur que j'éprouvais moi-même de posséder un Missionnaire, bonheur que devaient partager tous les paroissiens puisqu'il était leur compatriote.

« Le dimanche suivant, le Père fit lui-même le prône. Le sujet fut : *Bienfaits de l'Eglise catholique.* Il nous traça un tableau émouvant de l'Afrique qu'il avait habitée, de l'Angleterre et de ses querelles religieuses, des peuples sauvages, au milieu desquels il allait. Chacun fut heureux de l'entendre.

« Pendant la semaine, nous préparâmes ensemble les enfants de la première Communion. Il donnait une instruction aux enfants le matin, et, le soir à toute la paroisse. Il était toujours écouté avec plaisir. Il confessa beaucoup de monde. Il clôtura, le dimanche des Rameaux, les instructions pour les enfants de la première Communion et pour les Pâques des filles et des femmes.

« Il partit le soir même, après avoir fait verser

bien des larmes aux enfants et à leurs parents, dans les touchants adieux qu'il leur adressa à l'instruction de Vêpres.

« Ses bons parents, cela se comprend, étaient bien affligés. Son père, sa mère, son jeune frère, pleuraient à chaudes larmes ; mais le Père avait si bien su leur faire comprendre le mérite de leur sacrifice, que leur douleur était résignée. Il leur promit d'ailleurs de venir les voir dans quelques années. Mais lui-même était vivement ému quand il les embrassa pour la dernière fois.

« Il laissa la paroisse édifiée de sa piété et de son dévouement, de son zèle et de son courage. Il avait distribué plusieurs objets de piété : images, médailles, livres. Chacun les conserve pieusement. »

Avant de quitter son village, le P. Rivière vint faire ses adieux à l'École apostolique, au Petit Séminaire de Sainte-Garde ; c'était le 9 mars au soir. Le lendemain, il donna la méditation aux apostoliques et leur dit la Sainte Messe. Il les revit encore plusieurs fois. Ceux qui furent présents à ces entrevues avec le jeune Missionnaire, garderont toute leur vie l'impression profonde d'édification qu'il leur produisit.

Voici, bien abrégé, le récit de l'entretien qu'il eut avec le jeune kabyle :

« Je passai avec lui une grande partie de la matinée du 10 mars. Nous parlâmes longtemps de la Kabylie, en particulier de ses anciens élèves. Il

m'apprit que, par ses lettres, il en avait aidé plusieurs
à se faire chrétiens et qu'il leur avait procuré de
bonnes places.

« Après m'avoir exprimé son regret d'abandonner
la Kabylie, il me dit : « Je pars ; souvenez-vous de
« moi dans vos prières et, lorsque vous serez prêtre,
« dans vos saints Sacrifices. » Oh! alors j'étais brisé
par la douleur. La séparation a été très pénible et
pour moi et pour lui. Cependant, je dois dire qu'il
était tout à fait calme ; je l'admirais. Je lui disais :
« Mais, mon Père, vous allez, comme le P. Mou-
« linard, mourir en arrivant au Zambèze ! — Eh bien!
« si Notre-Seigneur me demandait ce sacrifice, je le
« ferais volontiers. »

« Il partit dans la soirée.

« Huit jours après, il était à Marseille. Les
quelques heures qu'il y passa, en attendant le départ
du bateau pour Alger, il en profita pour faire
quelques visites. Notre-Dame de la Garde eut la
première, bien entendu. Il eut aussi la grande consolation de retrouver, à Marseille, son ancien Supérieur
de la Kabylie, le vénéré P. Creuzat, lequel nous
apprit plus tard qu'il avait été ravi de l'entrain du
cher P. Rivière. »

CHAPITRE DIX-SEPTIÈME

De Marseille à Quilimane.

UR le voyage du P. Rivière, de Marseille à Quilimane, nous n'avons guère d'autres renseignements que ceux contenus dans la lettre suivante à sa bienfaitrice.

Nous ne la transcrivons pas sans émotion. C'est la dernière que le digne et bien-aimé Père ait écrite. Commencée le lendemain de son arrivée, elle a été terminée deux ou trois jours avant son départ pour Tété.

« Quilimane, 15 mai 1883.

« MADAME ET CHÈRE BIENFAITRICE,

« Je ne veux pas commencer mon voyage sur la terre d'Afrique sans vous envoyer un mot par l'intermédiaire de mes parents.

« Vous ai-je écrit d'Alger ? En vérité, je ne saurais me le rappeler.

« Notre traversée d'Alger à Quilimane a duré cinquante jours. Encore trente jours à faire sur terre ou plutôt en barque !

« J'arrive à Quilimane, aux bouches du Zambèze, en parfaite santé. D'ailleurs, un si long voyage ne pouvait être plus heureux. Partout des officiers d'une amabilité exquise, des passagers que l'on ne quitte qu'avec regret. Voici quelques détails sur ce qui s'est passé de plus remarquable :

« C'est le 25 mars, sans égard pour la solennité du jour de Pâques, que nous avons levé l'ancre à Alger. En première classe, nous étions peu nombreux. D'Alger à Aden, que de souvenirs sacrés sont venus se dérouler devant nos yeux. D'abord le Djurdjura, auquel j'ai dit un éternel adieu; la terre d'Egypte, la mer Rouge, les déserts de la Haute-Egypte, le mont Sinaï. Aden est bâti au pied d'un roc volcanique; pas d'arbres, pas le moindre brin d'herbe; la baie est tranquille et vaste, mais la chaleur y est étouffante. Sans regrets, nous reprenons notre route autour de l'Afrique. Un instant nous apercevons Socotora, cette île d'où saint François-Xavier s'éloigna avec tant de regrets. Nous voici à Zanzibar, qui était, il y a dix ans à peine, le grand marché des esclaves. Sur la place où se vendaient les jeunes africains, s'élève la cathédrale protestante. Dans le port stationne un croiseur anglais et la flotte française qui va batailler à Madagascar. Le Sultan a visité le vaisseau-amiral; de part et d'autre on a brûlé beaucoup de poudre. De Zanzibar, nous voici à Mozambique, île Portugaise. En passant devant la résidence du gouverneur, je me suis dit avec une émotion que vous comprendrez : Voilà la maison de mes ancêtres. Ce palais est notre ancienne résidence et collège. Encore trois jours, et nous voici au port de Quilimane. Mais la mer a fait échouer nos plans; elle a refusé passage au vaisseau. Franchir la barre qui nous séparait du port, c'était courir au tombeau. Le capitaine a donc levé l'ancre, en emmenant ses passagers à 250 lieues plus loin. Nous avons donc fait 500 lieues sur l'eau, avant de mettre pied à terre. Heureusement, le temps a toujours été beau; l'hiver n'est pas trop rigoureux dans nos parages. Nous voici en pays nègre (1).

Tout ici est nouveau. La semaine dernière, j'ai accompagné nos officiers à une expédition de chasse. Dans ces bois que nous avons traversés, que de pauvres Cafres vivent et meurent à peu près comme les bêtes qui habitent leurs montagnes. Mais l'obéissance m'envoie ailleurs. Je ne suis pas en verve pour décrire longuement les misères qui se dressent sous nos yeux depuis deux mois. Le Christianisme s'implantera ici, à force de temps et de patience. Nos nègres verront mourir bien des missionnaires avant que les tribus du Zambèze aient leurs églises et leurs chrétientés, mais les missionnaires ne manqueront jamais, c'est la consolation de ceux qui meurent.

« A Quilimane, je ferai un séjour très court; il me manque, pour partir, deux ou trois barques, du riz, de la cotonnade, de la poudre, du plomb, des balles. Ce sera l'affaire de deux ou trois jours.

« Quand cette lettre vous arrivera, je serai déjà

(1) Voir à l'appendice, page 143, la description de Quilimane.

arrivé à destination. Je compte beaucoup sur vos
prières.

« A Tété, je serai chargé des enfants. *Deo gra-
tias !* »

Le P. Courtois va nous aider à compléter cette
relation.

Ce Père nous transmet d'abord des notes du
P. Rivière écrites au crayon sur son *Ordo*. Ce sont,
dit-il, les seuls détails que le cher Père nous a laissés
de ce long voyage de cinquante jours.

A part l'échouage du bateau, à la suite d'une
dispute et d'une bataille sur le pont, ces notes ne
mentionnent d'autres incidents que ceux rapportés
dans la lettre précédente. Il nous semble donc inutile
de les trancrire. Voici d'autres renseignements que le
P. Courtois a pu recueillir de la bouche de quelques
compagnons de voyage de son confrère.

« A Aden, le P. Rivière quitta le *Golconda* qui se
rendait à Bombay, pour prendre le *Méka*, faisant le
service des côtes de l'Afrique australe. La connaissance de l'anglais et du portugais lui fut très utile.
Sur le *Golconda*, il était devenu l'ami du commandant
et des autres officiers. Il s'attira également l'estime et
l'affection des officiers et des passagers du *Méka*.

« Notre nouveau major, M. Auguste Marquez,
commandant du fort de Tété, son excellente épouse,
Dona Victoria, le R. P. Antunès et plusieurs autres
personnes qui ont fait route avec le Père, de Mozam-

bique à Quilimane, m'ont parlé de lui avec le plus grand éloge. Ils m'ont affirmé aussi qu'à cette époque de la traversée, le Père jouissait d'une parfaite santé et que rien ne faisait craindre une mort si prompte.

« Il eut le bonheur de célébrer plusieurs fois la sainte messe en public sur le pont du navire.

« Pendant son séjour à Quilimane, le Père fit la rencontre de deux anglais, membres d'une compagnie du Cap, qui se rendaient dans nos parages, à la recherche de mines d'or. Quand ils passèrent à Tété, ils me firent les plus grands éloges du Père; ils ne l'appelaient pas autrement que *the very good father*, le très bon père. »

Le Père resta quinze jours à Quilimane, juste le temps nécessaire pour faire ses préparatifs de voyage à Tété, c'est-à-dire trouver des embarcations et des mariniers, et se munir de provisions de toutes sortes.

Dans ces pays, en effet, il n'y a pas de service de navigation régulier. Chaque voyageur doit se pourvoir lui-même en traitant de gré à gré avec les bateliers, ce qui n'est pas toujours facile.

En outre, dans l'intérieur de l'Afrique, on ne trouve rien à acheter, sauf des poules, des canards, des porcs, du riz. Tout le reste, il faut l'apporter avec soi. De là, nécessité de faire provision de thé, de sucre, etc., et de tout un attirail de cuisine.

Enfin la monnaie n'a pas cours là-bas ; tout s'achète au moyen d'échanges en nature, avec des perles, des colliers, des ceintures, des foulards, etc., etc. Et ces objets, le Père ne pouvait se les procurer qu'à Quilimane.

Le temps que ces divers préparatifs lui laissaient libre, il le passa en la compagnie des Pères dans leur petit collège récemment ouvert. Toute la communauté garda de son court passage un édifiant souvenir. « Heureux P. Courtois, disait-on ! Quel homme actif et quel aimable compagnon il aura là ! »

CHAPITRE DIX-HUITIÈME

La Mission du Zambèze.
Description de Quilimane, Mopéa, Tété.

VANT de suivre le P. Rivière dans la dernière étape de son voyage, nous pensons être agréable au lecteur en lui donnant un aperçu sommaire de la Mission du Zambèze, et, en particulier, quelques notions des localités principales de la partie de la Mission assignée à notre cher Missionnaire.

Tout le monde connaît les efforts tentés, depuis cinquante ans, pour faire entrer dans la sphère d'action des nations européennes l'immense continent africain, de tous le plus rapproché de l'Europe, et resté, néanmoins, le plus isolé, le plus obstinément rebelle aux influences de la civilisation.

Les conquêtes françaises au nord de l'Afrique, les colonies britanniques au Sud, à l'Est et à l'Ouest, le développement des anciens établissements portugais; de plus, l'ouverture du canal de Suez, les progrès de l'industrie, du commerce et de la navigation, tout cela est venu donner une prodigieuse impulsion au mouvement colonisateur en Afrique.

L'Eglise catholique n'est point restée étrangère à ce magnifique développement colonial, à cette espèce de prise de possession de l'Afrique par l'Europe civilisée. Elle n'avait pas, d'ailleurs, attendu le dix-neuvième siècle pour porter aux nations africaines, avec les dogmes de l'Evangile, les germes de la vraie liberté et de la véritable civilisation.

Dès les premiers siècles de notre ère, sur toute la partie connue du littoral africain, des chrétientés nombreuses avaient été fondées : depuis le détroit de Gadès, jusqu'aux extrémités de la mer Rouge, des églises florissantes s'élevaient dans la Mauritanie, la Numidie, la province Romaine, la Tripolitaine, la Cyrénaïque, l'Egypte, l'Ethiopie. Et quand, au quinzième siècle, les Portugais eurent ouvert la route des Indes par le cap de Bonne-Espérance, de nouvelles Missions furent organisées dans la Guinée, au Congo, à Angola, sur la côte de Mozambique, aux embouchures du Zambèze, dans les montagnes de l'Abyssinie.

Malheureusement, les progrès incessants de l'Islamisme et, plus tard, les rivalités maritimes des nations européennes, la décadence des colonies portugaises, l'infâme commerce de la traite des noirs, les grandes révolutions religieuses et politiques des trois derniers siècles, toutes ces causes diverses, jointes à de mauvaises conditions climatériques, vinrent successivement et souvent à la fois, anéantir ou du moins compromettre l'action civilisatrice de l'Eglise. Loin de pouvoir songer à pénétrer dans l'intérieur

du continent africain, c'est à peine si, au commencement de ce siècle, elle conservait encore, çà et là sur
le littoral, quelques misérables restes de chrétientés
autrefois si prospères.

Aujourd'hui, grâce à Dieu, de plus heureuses circonstances ont amené une ère nouvelle pour les
Missions africaines. L'Eglise a pu déployer de nouveau cette merveilleuse vigueur de l'apostolat catholique qui est un de ses caractères les plus divins.
Aussi que d'œuvres fécondes créées par elle, dans ces
dernières années, pour la civilisation de l'Afrique !
Les diocèses d'Alger, de Constantine, d'Oran, les
vicariats apostoliques de Tunisie, de Tripoli, de la
Basse et de la Haute-Egypte, au Nord ; à l'Ouest, les
Missions du Sénégal, des Deux-Guinées, du Daho-
mey ; au Sud, les vicariats de Capetown, de Grahamstown, de Natal et de Transvaal ; à l'Est, les
Préfectures apostoliques de Madagascar, des Sey-
chelles, de Zanzibar et des Gallas, toutes ces créations
multipliées enveloppèrent bientôt l'Afrique d'un
réseau de Missions catholiques.

Mais il fallait attaquer au cœur la barbarie afri-
caine et porter la lumière de l'Evangile au centre
même du ténébreux continent. C'est dans la Haute-
Egypte que fut établi un des premiers postes pour
l'évangélisation des noirs. De Khartoum, où vient de
succomber l'héroïque Mgr Comboni, les pionniers de
l'Evangile s'élancèrent bientôt dans le Darfou, le
Kordofan, le Soudan, et, par le Nord, jusqu'à la
région des grands lacs. Sous l'active impulsion de

Mgr Lavigerie, les missionnaires d'Alger partis de Zanzibar, ont pénétré par le Sud-Est jusqu'au lac *Tanganika*, puis jusqu'aux deux lacs Nyanzas, où ils viennent de fonder deux vicariats.

Restait à évangéliser le centre de l'Afrique australe. Pendant l'année 1877, le Saint-Siège en chargea la Compagnie de Jésus. Le R. P. Depelchin, jésuite belge, qui avait passé dix-huit ans dans les Missions anglaises de l'Inde, nommé Supérieur de la Mission, se mit immédiatement en campagne pour recruter des collaborateurs et recueillir les fonds nécessaires à l'exécution d'une si grande entreprise. Le 3 janvier 1879, il s'embarquait à Southampton, pour Port-Elisabeth, emmenant avec lui six Pères et cinq Frères coadjuteurs.

La Propagande avait d'abord assigné pour limites à la nouvelle Mission : au Nord, le 10e degré de latitude méridionale ; à l'Est, les possessions portugaises et le pays de Zanguebar ; à l'Ouest, le 22e degré de latitude Est de Greenwich ; au Sud, le cours du Limpopo. Au commencement de l'année 1881, à la demande de l'Evêque de Mozambique, le cours du Bas-Zambèze et les possessions Portugaises furent compris dans la Mission. Ces contrées avaient été, depuis 1560 jusqu'à la fin du dix-huitième siècle, évangélisées par les Missionnaires Jésuites et Dominicains (1).

(1) Voir l'ouvrage : *Trois ans dans l'Afrique australe.* — Bruxelles, 1882. 2 vol. grand in-8°.

Pendant que le P. Depelchin, avec ses compagnons, travaillait à créer des stations au centre des pays arrosés par le Haut-Zambèze, les Pères Dejoux, Héep, Gabriel, Piérin, et, plus tard, les Pères Antunez, Moulinard, Courtois, échelonnaient leurs établissements le long du Bas-Zambèze, à Quilimane, Mopéa et Tété (1).

Quilimane, surnommée la ville de saint Martin, est bâtie sur les bords du Quilimanensé, une des bouches du Zambèze, à peu de distance de l'Océan. Elle est la capitale d'un gouvernement militaire. Comme toutes les autres cités du Zambèze, Quilimane a commencé par une factorerie qui fut établie en 1544. D'autres maisons de commerce vinrent s'ajouter à celle-ci et la ville prit ainsi peu à peu de l'accroissement. Elle possède un fort avec quelques pièces d'artillerie et un détachement de chasseurs dont le quartier général est à Tété.

Les maisons, d'un seul étage, blanchies au plâtre et même coloriées, selon la coutume du pays, sont séparées les unes des autres par des jardins et des terrains vagues. Elles ont un portique à l'entrée et une véranda où l'on peut respirer l'air frais et se garantir du soleil. Ces maisons, ainsi dispersées au milieu des hautes herbes et de grandes allées de cocotiers, font que la ville occupe une étendue immense.

(1) Les descriptions de ces localités sont extraites de diverses lettres du P. Courtois.

Il y a quelques semblant de rues ; mais, en général, elles sont mal entretenues et remplies d'herbes.

On ne rencontre en ville ni cheval, ni âne, ni chameau, ni voiture. Les gens de l'endroit vont en *machile*, espèce de chaise suspendue à un bambou. Une tenture protège contre les ardeurs du soleil. Quatre machilaires, deux en avant, deux en arrière, vous soulèvent sur leurs épaules et vous portent, allant presque toujours au galop.

La ville possède un port ouvert au commerce depuis 1853. Chaque mois, arrive un vaisseau d'Europe, appartenant à la Compagnie anglaise des Indes. La barre du fleuve est très difficile à franchir. Aussi est-il souvent nécessaire d'attendre la marée en pleine mer avant de pouvoir s'y engager. Les bords du Zambèze sont couverts de forêts immenses.

Les cases ou paillotes des nègres viennent à la suite de celles des blancs et s'étendent au loin dans les plaines environnantes. Chaque paillote a son petit champ que les noirs cultivent pour leur entretien. Le terrain est fertile. Il produit le riz, le maïs, le manioc, le tabac, la canne à sucre et des légumes en abondance.

La population peut s'élever à neuf ou dix mille âmes, si l'on comprend les Cafres. Malgré ce nombre d'habitants, une grande partie du terrain reste en friche toute l'année.

Les Missionnaires ont établi, dans Quilimane, leur première station de Mission. Les nouveaux venus pourront s'y reposer des fatigues de la navigation et s'habituer au climat de l'Afrique.

Sur les instances de personnes influentes, on a ouvert un petit Collège qui donne beaucoup d'espérances. Déjà une trentaine d'élèves le fréquentent assidûment. L'éducation chrétienne de ces jeunes gens aura plus tard une grande importance pour la Mission. La plupart de ces élèves sont appelés, en effet, à être les propriétaires de nombreux prazos (fermes).

Connaissant notre sainte religion et les Missionnaires, il les admettront plus volontiers et faciliteront ainsi l'évangélisation des nombreuses tribus de Cafres.

Mopéa. — En remontant le Quilimanense, après huit jours de navigation, on arrive à Mopéa. C'est une ville peu considérable. Figurez-vous quelques maisons européennes échelonnées le long d'un large chemin, à une assez grande distance les unes des autres, non loin du Rio Kwakwac; au milieu la petite église de Saint-François-Xavier; dans les environs, des huttes Cafres au terrain plat, de grands bois et vous avez Mopéa. Mais cette ville est appelée à prendre de l'importance. C'est de Mopéa que se fait le transport pour le Haut-Zambèze des marchandises qui viennent de Quilimane. C'est le rendez-vous d'un grand nombre de nègres, qui viennent de l'intérieur pour être portefaix ou mariniers. Le pays est sain et très populeux.

Mopéa est une des stations de notre Mission. Les deux Pères prennent soin de l'église et font la classe aux enfants. Leur maison est d'une pauvreté rare. Ce n'est qu'une case étroite, dont le toit de chaume est ouvert à tous les vents (1).

Après avoir quitté Mopéa, en amont du fleuve, on rencontre beaucoup de petits villages cafres. *Chouponga* est le principal. Mais la première ville de quelque importance est *Senna*, située sur la rive droite, à vingt minutes de distance du fleuve. Le terrain où elle est bâtie est bas et sablonneux. On le dit fertile en fruits de bonne qualité.

La ville, autrefois riche et populeuse, est bien déchue de son ancienne grandeur. Des quatre églises qu'elle possédait, une seule existe; encore est-elle en ruines et sans curé pour desservir la paroisse.

Tété. — La ville de Tété, bâtie sur un terrain pierreux, est située à l'Ouest, sur la rive droite du fleuve. Elle s'étend sur un groupe de petites collines qui vont en s'élevant graduellement jusqu'à la haute montagne de *Carneira*. Sur la première élévation de terrain, tout près du fleuve, est la modeste église de Saint-Jacques-le-Mineur, construite sur l'em-

(1) Une lettre du R. P. Gabriel, du 27 août 1884, annonce qu'à la suite d'une insurrection des nègres, Mopéa a été pillée et incendiée. Heureusement, l'approche des rebelles a été signalée à temps pour permettre aux gens de sauver leurs personnes. Mais tous les biens ont été la proie des pillards.

placement d'un ancien couvent. Elle n'a rien de remarquable.

A cette première élévation de terrain, fait suite une petite vallée, puis une seconde colline et une rangée de maisons. Ici, la vue est magnifique; elle s'étend sur le fleuve et sur les lointaines montagnes du Macanga. Vient ensuite une autre vallée, un peu plus profonde, et, sur la hauteur, une autre ligne de cases; c'est là, pour le moment, que se trouve la maison des Pères, bien simple et bien modeste. En face, dans une troisième vallée, encore plus large que les autres, des maisons européennes; enfin, sur un plan plus élevé, la forteresse avec ses tours imposantes.

Hors de la ville et au milieu des rochers sont placés les quartiers cafres dont les cases sont renfermées dans des cloisons de roseaux.

Vous rencontrez partout une fourmilière de négrillons qui, à votre approche, fuient comme une volée de corbeaux. Tous ces pauvres enfants sont plongés dans l'ignorance la plus profonde.

Les rues sont des sentiers étroits et tortueux, des ruelles remplies de décombres, où les Cafres ont l'habitude d'aller un à un. L'herbe y pousse en abondance et sert de pâturage à de magnifiques troupeaux de génisses, de chèvres et de moutons, à la queue chargée de graisse.

On ne peut rien récolter en ville parce que le sol est trop rocailleux. Mais en dehors de Tété, le terrain se prête à la culture.

A deux lieues de la ville, sur la rive gauche, se voient les ruines assez bien conservées d'un ancien couvent. Un ruisseau d'une eau abondante, coule non loin de là et ne tarit jamais, pas même en été.

L'endroit était très bien choisi comme lieu de Mission, de prières et de recueillement. Les anciens Pères, d'après la tradition des gens du pays, avaient réussi à fonder ici une magnifique chrétienté; actuellement, hélas! on ne rencontre parmi les Cafres aucune trace de la religion de leurs ancêtres. Tout est à recommencer!...

Nous vivons parmi les animaux des bois, lions, tigres, hyènes, panthères ou chats-tigres. Depuis le commencement de l'année on a tué en ville quatre lions.

Des deux côtés de la Mission, les épreuves ont été grandes et nombreuses.

Plusieurs missionnaires ont succombé, épuisés par les fatigues, consumés par la fièvre ou victimes du poison. Malgré tout, la Mission a continué sa marche, et déjà elle recueille des fruits bien consolants.

CHAPITRE DIX-NEUVIÈME

De Quilimane à Tété.

UATRE cent cinquante kilomètres seulement séparaient le P. Rivière de la station de Tété, assignée à son zèle. Pour franchir cette distance, on met ordinairement de vingt-cinq à vingt-six jours.

D'où peut provenir une lenteur si extraordinaire ? Elle s'explique par l'état des pays à traverser et par la nature des voies de transport.

Le voyage de Quilimane à Tété se fait en barque sur le Rio ou fleuve du Zambèze.

Or, au dire de nos Missionnaires qui l'ont parcouru, le Zambèze est très bizarre dans son cours. Tantôt il s'étend sur une largeur de plus d'une lieue et alors ses eaux recouvrent à peine le sable de son lit ; tantôt resserré dans un étroit espace, sa profondeur égale celle des grands fleuves d'Europe. Ici, il est rapide, impétueux ; là, sa surface est tranquille comme celle d'un lac.

L'irrégularié des eaux oblige les mariniers à avoir recours à toutes sortes de manœuvres. Là où le fleuve est profond, ils se servent de la rame ; quand l'eau est dormante et basse, ils manœuvrent avec la gaffe ou longue perche. Parfois, l'embarcation s'ensable; alors on est obligé de tourner à droite, à gauche, ou de reculer. Souvent même les mariniers descendent dans l'eau, et, à force de bras, amènent en avant la barque qui laboure le sable.

La plupart du temps, on cotoie l'une ou l'autre rive, selon que le courant est plus ou moins fort. Quand il est violent et que la *praia* (rive) est favorable pour marcher, les bateliers vont à terre et tirent au bout d'une corde la fragile nacelle. De cette manière, pourvu que la corde de jonc tienne bon, ce qui n'arrive pas toujours, on peut vaincre les flots et éviter les écueils.

Une seconde cause de la lenteur des voyages ce sont les embarcations d'une simplicité tout à fait élémentaire.

On en distingue de trois sortes : La première, l'*almandie* est un simple tronc d'arbre léger, creusé en forme de pirogue. C'est la barque de voyage pour les Cafres.

La seconde, *le coche*, est encore un tronc d'arbre, mais plus large et plus profond que le premier. Il sert au transport des marchandises.

La troisième enfin est la chaloupe ou *escaler,* de son nom portugais. C'est une barque de moyenne grandeur, très légère, que l'on peut facilement conduire avec des rames. Elle s'emploie principalement pour transporter les passagers. On y adapte une cabine en bambou, recouverte de nattes de paille qui sont censées vous défendre contre les intempéries de la saison, mais ne vous mettent nullement à l'abri des averses. C'est dans ce palais flottant, lorsqu'on se rend de Quilimane à Tété, que l'on habite pendant un mois.

Dans de telles conditions, on le comprend, le voyage n'est pas seulement d'une longueur fastidieuse. Il est très pénible et présente même de sérieux dangers.

Très heureux devra s'estimer le voyageur qui n'aura eu d'autres inconvénients à supporter que les ennuis et les incommodités sans nombre d'un long voyage sous un ciel brûlant et dans la compagnie des Cafres grossiers et paresseux à l'excès. S'il a échappé à la dent des crocodiles ou à la zagaie des brigands, eut-il laissé une partie de son bagage entre les mains des voleurs, qui souvent ne sont autres que ses propres bateliers, il aura grandement à se féliciter.

Malheur à lui si la grande souveraine de ces rivages, la malaria (fièvre) vient à le saisir, surtout s'il est seul ! Ballotté dans sa barque, comme une coquille de noix, assis ou étendu au fond de sa cabine étroite où il ne respire qu'un air fétide et embrasé, privé de tout aliment convenable, livré à la merci de mariniers qui n'ont nul souci de son état de faiblesse, il endurera toutes les tortures physiques et morales.

Il eut été à désirer que le P. Rivière put avoir un compagnon de route européen. Ensemble, ils en eussent davantage imposé à leurs mariniers et ils se fussent mutuellement prêté secours dans les moments

critiques. Nul doute qu'il n'ait fait son possible
pour trouver cette compagnie, et que, Pères du
Collège et amis, l'y aidèrent de tout leur pouvoir,
mais ce fut sans succès. Les voyages d'Européens
dans ces parages sont rares et sans époques fixes.

Que n'attendit-il quelques jours de plus? Il aurait
trouvé ce compagnon. Huit jours après, en effet,
passait un commerçant français à destination de Tété;
mais qui pouvait deviner? Et puis, attendre c'était
s'exposer aux fièvres dont la saison était sur le point
de commencer; c'était aussi prolonger l'état affreux
d'abandon dans lequel le P. Courtois gémissait
depuis la mort du P. Moulinard, c'est-à-dire depuis
sept mois. Cette raison plus que toute autre décide
le Père. Ne consultant que sa charité et mettant sa
confiance en Dieu, il voulut partir de suite. Le
P. Courtois va nous faire le récit de ce voyage, autant
que le lui permettront la connaissance des lieux et les
renseignements puisés auprès de diverses personnes.

« Ce fut le 30 mai que le Père s'embarqua sur le
Quilimanense. Il eut, pendant les huit premiers jours,
la consolation de voyager avec le cher F. Gobert,
qu'on envoyait à Mopéa, au secours du F. Rieder,
assez souffrant et demeuré seul depuis la mort de
son compagnon, le P. Viérin. Les deux voyageurs
arrivèrent à Mopéa, le 7 juin. Le F. Rieder ne se
possédait pas de joie de revoir ce Frère et le nouveau
venu d'Europe.

« A Mopéa, les voyageurs pour Tété quittent le

Quilimanense, et vont s'embarquer sur le grand fleuve, au village entièrement cafre de *Vicenti,* à une heure et demie de distance. Barques et bagages se tranportent à dos d'homme, c'est une rude besogne. Le Père dût passer près d'une semaine à *Vicenti,* soit en négociation avec les nègres, pour trouver des porteurs, soit pour surveiller le transport ; et, pendant ce temps, il fut obligé de vivre dans une paillotte (hutte sauvage) à la mode cafre, n'ayant d'autre lit qu'une natte de roseaux, étendue sur la terre nue.

« Enfin, le 15 juin, le Père se remettait en route pour sa chère mission de Tété. Je n'ai sur son voyage d'autres données que ses dernières notes écrites au crayon sur son *Ordo.* Elles sont courtes, mais elles révèlent une longue suite de souffrances, de peines et de tribulations. »

15 juin. — Départ de Vicenti pour Tété.

19 juin. — Les mariniers veulent fuir. Ils demandent une augmentation de prix. Le pilote dévoile au père leurs indignes manœuvres.

21 juin. — Le matin, très souffrant, à Senna ; fièvre, point d'appétit, soif brûlante, insomnie...

25 juin. — Pluies torrentielles, elles enlèvent le toit d'une maison, la pauvre cabane en joncs fut gravement endommagée.

26 juin. — Hippopotames. Petits fruits délicieux.

27 juin. — Faiblesse extrême. — Baptême. — Générosité de Senhora.

30 juin. — Passe de Lupata.

« Ces notes n'étaient probablement que le canevas
d'une lettre que le cher Père destinait à ses Frères
d'Europe, pour leur faire connaître dans tous ses
détails cette partie si intéressante de son voyage.
Malheureusement, il n'en a pas eu le temps. Néanmoins, si courtes quelles soient, ces notes laissent
assez conjecturer ce que fut pour notre intrépide
Missionnaire ce voyage de quatre semaines sur le
Zambèze, sans guide, sans compagnons, à la merci
de mariniers insolents !...

« La fièvre paludéenne (malaria) fit sentir ses
premières atteintes au Père dès le cinquième jour
de son voyage. C'était en face de Senna, un des
endroits les plus malsains du delta du Zambèze.
Ensuite une pluie torrentielle vint inonder la fragile
embarcation. Le vent était si fort, qu'il renversa
jusqu'à trois fois l'humble toit de chaume qui lui
servait d'abri. Cinq ou six jours se passèrent dans
des souffrances de tout genre. Le Père, étendu sur
la dure couchette de son canot, miné par la fièvre
et dévoré de soif, n'avait plus la force de donner
un ordre, ni de demander du secours. C'était un
nègre inexpérimenté qui devait prendre sur lui le
soin de tout. Tout cela explique pourquoi plusieurs
objets, contenus dans les malles, à la fin ont manqué
à l'appel !...

« La cuisine était des plus maigres. De la poule
cuite à l'eau, quelques cuillerées de riz étaient les
mets invariables. Depuis longtemps, la provision de
pain s'était gâtée ou épuisée. Le Père, au milieu de

tant de privations, était en proie à un profond malaise et à une faiblesse extrême.

« Le 27 juin, ils abordèrent à un petit village cafre, appelé *Guonengué,* qui appartient à Dona Luiza, épouse de Dom Francisco Lopez, portugais, et l'une des sœurs du roitelet actuel de *Massangano,* Bonga-Choutaré.

« Le Père était réduit à un tel état de souffrance qu'il lui était impossible de continuer la route. Dona Luiza et son mari l'accueillirent et lui prodiguèrent les soins de la plus généreuse hospitalité. Le cher malade se trouva un peu mieux.

« Ses braves hôtes, heureux de voir un prêtre au milieu d'eux, le prièrent de baptiser leur jeune enfant, qui n'avait point encore été régénéré. Le Père acquiesça au désir de ses bienfaiteurs et administra le saint baptême, selon les rites de l'Eglise, à ce jeune enfant qui, sans l'arrivée providentielle du Missionnaire, serait resté de longues années esclave du démon.

« La maîtresse de la maison se montra très généreuse à l'égard de son hôte. Elle lui offrit du pain, du biscuit, des dattes, des oranges, de la viande fraîche et quelques autres provisions de bouche. L'embarcation reprit sa route à petites journées, avec son voyageur un peu remis, mais toujours bien souffrant. Le 30 juin, elle arrivait à la passe de Lupata. »

Qu'est-ce que cette passe de Lupata ? Ni le P. Rivière, qui la note seulement, ni le P. Courtois, dans la relation de ce voyage, ne nous le disent. Mais il faut en parler ; car, selon toute probabilité, ce fut là que notre cher voyageur eut le plus à souffrir. Cette passe, en effet, est terrible, à en juger par la description qu'en a fait le P. Courtois dans une autre lettre :

« Je n'oublierai jamais, dit-il, les journées du 25 et du 26 décembre, passées dans les terribles gorges de Lupata et les rapides de Moçambique où je faillis perdre la vie.

« C'était la veille de Noël : de grand matin nous entrions dans les gorges. Représentez-vous des chaînes de hautes montagnes qui se dressent des deux côtés du fleuve et ne laissent qu'une issue étroite au Zambèze. Ce passage dangereux demande au moins deux jours de navigation.

« Nous étions heureusement parvenus dans les gorges et je me plaisais à admirer leur beauté grandiose, lorsque, vers les neuf heures, nous nous trouvons en présence de cinq ou six cahutes.

« Accourt un individu bientôt suivi d'une troupe de femmes. Il nous offre des poules et me présente en même temps son *saguata* (présent) ; c'était une jambe de chevreau. Il fallait l'accepter. Nous lui offrons à notre tour tout ce qui est convenable. Nous lui payons même ses poules. Mais, il n'est pas satisfait ; il demande encore un carafon d'eau-de-vie. Impossible de répondre à ses désirs, il ne reste que trois ou quatre bouteilles pour nos mariniers. Le chef insiste. Nous lui répondons qu'il a reçu son paiement et nous commandons à nos mariniers d'avancer. Ils sont tous glacés de terreur. Le chef profite de l'hésitation de nos cafres pour saisir une rame et le gouvernail; il se précipite sur nous avec ces engins. Pris à l'improviste, nous gardons bonne contenance et nous parons les coups de notre mieux.

« Se voyant vaincu, car il n'avait pas d'armes, il se retire furieux. Nous lui rendons sa jambe de chevreau et nous nous hâtons de fuir ce lieu maudit.

« Nous étions à peine à quatre ou cinq cents mètres de sa case, qu'il apparaît de nouveau sur les roches du rivage. Cette fois, il est accompagné d'une troupe de nègres armés de fusils. Il menace de faire feu si nous ne lui donnons pas ce qu'il demande. Tous nos mariniers, au lieu de prendre notre défense, sautent hors de la barque, prêts à fuir ou à partager le butin avec l'assassin. Nous le supplions de ne faire aucun mal à personne, disant que nous allons lui donner ce qu'il désire.

« Quand un de nos mariniers lui a expliqué en langage cafre ces paroles portugaises, le chef saute dans notre barque avec les allures d'un voleur, et il nous enlève une pièce de mouchoirs de poche et une magnifique couverture. Il exigeait encore autre chose, mais nous parvenons à le congédier et à nous débarrasser de lui !

« Nos épreuves ne sont pas finies. Le soir, un orage épouvantable éclate dans les gorges. Pendant cinq heures de suite, la pluie, poussée par un vent furieux, ne cesse de tomber.

« Quand on arrive à la sortie des gorges de Lupata, le fleuve se divise en deux branches et forme une île assez étendue que les noirs appellent *cimetière de Moçambique*, probablement à cause des nombreux accidents qui ont lieu en cet endroit.

« L'île présente de toutes parts ses flancs taillés à pic. Le sommet boisé est le séjour des oiseaux de proie. Tout voyageur qui remonte le fleuve, doit donc se décider à passer à droite ou à gauche de l'île terrible. Mais les deux rives sont également hérissées de rochers. Le fleuve, se trouvant resserré dans ces gorges étroites, forme des courants si rapides et si impétueux, qu'il est impossible, même aux plus forts mariniers, de les surmonter avec la rame. Quant à faire usage de la longue perche, c'est encore plus difficile, vu la profondeur de l'eau. Il faut donc se résoudre au seul moyen de salut : tirer la barque avec la corde de jonc. Nos mariniers grimpent sur les rochers; deux restent dans la barque pour la protéger contre les écueils.

« Nous essayons le passage, voilà notre frêle embarcation lancée au milieu des flots bouillonnants. Le moindre faux mouvement peut la pousser contre les rochers et la mettre en pièces.

« Elle ne fait d'abord que suivre fidèlement la direction imprimée par ceux qui tirent la corde. Tout à coup, nos mariniers, dispersés sur les rochers, à plus de quinze ou vingt mètres au-dessus de nos têtes, arrivent à un endroit où le sentier devient impraticable. Le péril est imminent : si nos gens n'avancent pas, nous allons heurter contre les écueils.

« Nous avions devant nous cette redoutable perspective, quand pour comble de malheur, la corde s'embarrasse entre deux pierres et se rompt... Nous voilà emportés à la dérive, n'ayant que deux mariniers avec nous. Nous saisissons toutes les rames et nous tâchons d'amener la barque en un lieu sûr.

« Nous arrivons à une petite baie où les eaux étaient tranquilles. Nous avons échappé au danger ; mais il fallait de nouveau essayer le passage. Nous rajustons notre corde et nous parvenons sains et saufs vers une immense flaque d'eau : une dizaine d'hippopotames y prenaient leurs ébats. Nos noirs paraissaient plus effrayés à la vue de ces animaux que devant les gorges de **Lupata**. »

La passe de Lupata fût-elle pour le P. Rivière aussi dramatique que pour le P. Courtois ? Un fait nous autoriserait à croire qu'elle le fut davantage ; c'est que, pour franchir la distance de l'entrée de ces gorges à Tété, il fallut au premier plus de temps qu'au second. Mais supposons que le passage n'eut point pour le P. Rivière les mêmes incidents que pour le P. Courtois ; il n'en reste pas moins certain que, dans l'état maladif où il se trouvait, elle fut pour lui l'occasion de souffrances inexprimables. Mais reprenons le récit du P. Courtois.

« Nous, cependant, nous étions à attendre impatiemment l'arrivée d'un Père; car un négociant venu de Quilimane à Tété le 25 juin, nous avait fait dire qu'un Père français s'était embarqué à Quilimane huit ou dix jours avant lui, et qu'il avait espéré le rencontrer déjà parmi nous.

« Cette nouvelle me remplit de joie. J'étais heureux d'apprendre qu'après huit mois de solitude et d'abandon, j'allais enfin avoir un compagnon et un aide dans nos travaux de mission.

« Toutefois, je n'étais pas sans de vives appréhensions.

« Comment se faisait-il que le Père ne fût point encore arrivé alors que l'autre voyageur, parti huit jours après lui de Quilimane, était déjà rendu à destination ?...

« Tous les jours, le F. Ferreira et moi nous considérions la vaste étendue du fleuve qui se déroule aux pieds de la véranda de notre maison, et, dès qu'une embarcation se montrait à l'horizon, nous la suivions des yeux pour nous assurer si ce n'était pas celle du Père que nous attendions.

« Enfin, le 4 juillet, vers les deux heures de l'après-midi, nous entendions le chant des mariniers et une nacelle s'arrêtait à la plage *Anacleto*. C'était le cher P. Rivière qui nous arrivait. Il avait mis trente-cinq jours à faire le voyage!

CHAPITRE VINGTIÈME

Mort du P. Rivière. — Funérailles. — Regrets. — Consolations.

LETTRE DU P. COURTOIS (suite).

OTRE joie, hélas! fut de courte durée. Le cher Père nous arriva dans un état de faiblesse telle que, dès lors, je conçus de graves inquiétudes à son sujet. Il n'avait plus l'entrain, la gaieté et la bonne humeur qui le caractérisaient; mais il paraissait morne, triste; il était dans une espèce d'abattement moral qui ne présageait rien de bon. Déjà il avait les tristes germes de cette terrible maladie dont les suites devaient être si funestes.

« Heureux enfin d'être rendu à destination, le Père me dit : « Maintenant je pourrai me reposer « à mon aise; car je n'en puis plus de mes longues « insomnies de voyage... » Il me donna quelques nouvelles de la Province et de différents Pères dont je lui rappelai les noms. Ce furent les seules; car, à partir de ce jour, il ne fut plus possible d'avoir avec lui une conversation suivie. Après souper, il me manifesta le désir de se mettre au lit pour se reposer.

« Le jour suivant, il ne se leva que pour prendre ses repas, et même alors il était en proie à un trem-

blement nerveux qui lui paralysait tout le corps. Je
fus obligé de lui porter les morceaux à la bouche,
à peu près tout le temps de sa maladie.

« Le troisième jour, pendant mon absence, il
s'administra une potion d'extrait d'opium. Il s'en
suivit une espèce de léthargie qui dura plus de qua-
rante-huit heures.

« Comme son état de fièvre empirait et qu'il était
nécessaire de donner au malade un remède énergique, j'appelai l'infirmier-docteur de la localité.
Mais ni les prescriptions du médecin, ni les soins de
la plus vigilante sollicitude ne purent arrêter les
progrès de la maladie. Le Père éprouvait des frissons
tellement forts que les dents lui claquaient, comme
cela arrive au temps d'un rigoureux hiver. De plus,
il se plaignait continuellement d'une grande douleur
à la nuque.

« A partir du 15 juillet, nous ne pûmes le quitter
un seul instant. Comme, ce jour-là, j'avais baptisé
quatre petits enfants et deux adultes, et que les cloches annonçaient ce joyeux évènement, lorsque je
revins de l'église, le Père me dit : « Oh! que ces
« cloches sonnent bien!... J'ai éprouvé beaucoup de
« plaisir en les entendant carillonner... » Je lui dis
alors : « Père, le son des cloches annonçait le
« baptême de six nouveaux élus de Dieu. Si vous
« aviez pu vous lever et venir à l'église, je vous
« aurais laissé exercer votre zèle! Mais j'espère que
« ce sera pour dimanche prochain. Un soldat m'a
« promis de me présenter ses trois enfants. — Ce

« sera avec plaisir que je ferai ces baptêmes, me
« répondit le malade, mais il faudra que je sois
« mieux qu'aujourd'hui. »

« Le 17, il eut une forte crise accompagnée de
délire, et le délire allait en continuant, mais sans
avoir rien d'extravagant. Je profitai d'un moment de
calme et de lucidité, survenu pendant la nuit, pour
préparer le malade à recevoir les derniers Sacrements.
Il consentit de bon cœur à ce que nous demandions
de lui. Nous préparâmes à la hâte ce qui était nécessaire à ce grand acte. Notre cher infirme se résigna
à la volonté de Dieu, reçut les secours de la religion
avec la piété d'un ange et offrit encore une fois sa
vie pour la Mission du Zambèze.

« Quand la cérémonie fut terminée, je me retirai
quelques instants dans ma chambre ; je me jetai au
pied de mon Crucifix et donnai un libre cours à mes
larmes. Oh! quelle rude et douloureux sacrifice
m'était de nouveau imposé! perdre un Frère si bon,
si actif, si dévoué ; et moi, demeurer seul sur la
brèche !...

« Dans la matinée du mercredi 18, le cher malade
était plus calme. Je m'approchai de son lit et lui
dis : « Vous voilà heureux maintenant que vous
« avez reçu les Sacrements de l'Eglise ; ils vont vous
« fortifier, vous rendre à une nouvelle vie! » Et lui
de répondre : « Oh! oui, à une nouvelle vie, au
« Ciel, avec Jésus-Christ !...

« Vers les dix heures, il avait l'habitude de se
lever et de demeurer assis sur le fauteuil ; ce jour-là les

forces lui manquèrent. Ses dents étaient resserrées au point qu'il devenait impossible de lui faire prendre la moindre cuillerée de bouillon. Dans l'après-midi, les frissons le reprirent; puis une sueur froide se déclara, accompagnée d'une respiration haletante. Nous eûmes toutes les peines du monde pour le réchauffer.

A huit heures du soir, le pauvre moribond perdit connaissance pour toujours et entra en agonie. La respiration devenait de plus en plus oppressée. Nous nous mîmes à genoux, le Frère et moi, pour réciter les prières des agonisants; je remis au mourant le saint scapulaire qu'il avait perdu et le chapelet entre ses mains; j'approchai de ses lèvres l'image de Jésus crucifié et lui suggérai des actes de religion et d'abandon à la volonté de Dieu. La nuit se passa ainsi dans cette alternative de crainte et d'espérance.

« Le lendemain, jeudi 19 juillet, fête de saint Vincent-de-Paul, au lever de l'aurore et au moment même où la cloche annonçait l'*Angelus* matinal, notre bon et cher petit P. Joseph Rivière, celui que j'appellerai, à juste titre, l'Ange de la Mission du Zambèze, rendait doucement son âme à son Créateur. Il était âgé de trente ans, deux mois et neuf jours, en ayant consacré à Dieu douze dans la vie religieuse.

« Il garda après sa mort le sourire du juste qui s'endort dans le baiser du Seigneur.

« Les funérailles eurent lieu le même jour. Elles

se firent avec la simplicité religieuse qui convient à notre condition de pauvres de Jésus-Christ. Le Père n'ayant pas eu le temps de se faire connaître en ville, nous ne pouvions compter sur un grand nombre de gens à ses obsèques. Ce fut cependant le contraire qui arriva. Les catholiques de la ville, par affection pour nous, le secrétaire de la délégation, M. le commandant, la plupart des officiers assistèrent à l'enterrement.

« Ce cortège, calme et silencieux, recueilli dans la prière, sans mélange de païens tapageurs, s'avançant en ordre et avec respect, à la suite du cercueil du jeune Missionnaire, me faisait l'effet d'une procession bien ordonnée où l'on porte en triomphe les reliques d'un saint.

« Et c'était bien un saint, ce cher P. Joseph, qui, comme son glorieux patron, conserva toujours une angélique candeur et posséda l'esprit de zèle et de sacrifice, dévoué jusqu'à la mort!...

« Il repose maintenant dans notre humble cimetière de Tété, à côté de son confrère et ami, le regretté P. Moulinard. Une modeste croix de bois indique le lieu de leur repos; et ceux qui avaient été si bien unis pendant leur vie, n'ont pas été séparés dans la mort. *Isti sunt viri sancti quos elegit Dominus in charitate non ficta, et dedit illis gloriam sempiternam.*

« Deux ou trois jours avant la mort de celui que nous pleurons, m'arrivait par le courrier une lettre de Quilimane. Le R. P. Dejoux, heureux d'avoir donné l'hospitalité à l'intrépide missionnaire et ayant pu apprécier ses aimables et bonnes qualités, m'écrivait : « Je pense que vous serez content ; voici « venir à vous le bon P. Rivière qui n'engendrera « pas mélancolie, et mieux encore vous aidera puis- « samment dans vos œuvres de zèle ! »

« Assurément, le nouveau Frère ne devait pas engendrer mélancolie dans notre résidence de Tété ; nous nous connaissions de longue date et nous étions unis en Notre-Seigneur par les liens de la plus affectueuse charité. Compatriotes, connovices, frères d'armes, nous allions nous jeter dans la lice de gaieté de cœur pour Dieu et pour les âmes.

« Mais Notre-Seigneur en a jugé autrement. Nous baisons la main qui nous frappe et nous acceptons la Croix ! Puissent bientôt des Frères nombreux venir moissonner dans l'allégresse ce que nous semons dans les larmes.

« Je me recommande à vos Saints-Sacrifices et suis, avec un profond respect, mon Révérend Père,

« Votre très humble fils en Notre-Seigneur,

« Victor COURTOIS, s. j. »

La nouvelle de la mort du P. Rivière excita la plus douloureuse émotion chez tous ceux qui avaient eu le bonheur de le connaître. Cette mort était si peu attendue ! Elle anéantissait de si belles espérances !

De la douleur des respectables parents du cher défunt et de sa pieuse mère adoptive, nous ne dirons rien, encore que cette douleur ait eu ses consolations bien enviables. Elle se devine, nous nous sentons impuissants à l'exprimer.

Toute la population catholique de Vinsobres s'associa au deuil de la famille Rivière. « La nouvelle de sa mort, nous écrivait M. le Curé, fut un coup de foudre pour nous tous. Elle nous arriva le 14 août et le 17, il y avait un grand service avec diacre et sous-diacre. Bien des larmes furent versées. Il y avait, en effet, à peine cinq mois que nous l'avions tous vu plein de santé et promettant de venir nous revoir dans sept ou huit ans.

Bien profonde également fut l'émotion parmi les confrères du cher défunt. Non, certes, qu'on songeât à le plaindre. On le savait, les peines qu'il s'était données pour se préparer à sa Mission, les sacrifices si généreux qu'il avait faits, les simples désirs même qu'il avait formés, tout recevait au Ciel sa récompense. Le dernier sacrifice lui-même, celui qui, probablement, avait coûté davantage, le sacrifice de la mort au seuil de cette carrière d'apostolat si impatiemment attendu, au lieu de jeter comme une ombre lugubre sur cette couche funèbre du jeune apôtre, apparaissait comme le plus beau joyau peut-être de sa couronne. Il n'y avait cependant dans toutes les maisons de la province qu'une voix pour dire : « C'est un egrande perte pour la Compagnie et en particulier pour la Mission du Zambèze déjà tant éprouvée. »

Il est encore une douleur qu'il nous faut renoncer à rendre ; c'est celle du P. Courtois quand il vit exhaler son dernier soupir entre ses bras, celui qui était non seulement son compatriote, mais encore son ancien compagnon de noviciat et de scolasticat, un de ses confidents intimes dont, plus que d'autres, par conséquent, il pouvait apprécier le mérite. Il était naguère si heureux de penser qu'ils allaient ensemble se consoler dans leurs épreuves, s'encourager à travailler et à souffrir pour la gloire de Notre-Seigneur et pour le salut des chers pauvres nègres.

La douleur du P. Courtois était d'autant plus grande que le P. Rivière n'était pas la seule victime qu'il avait vu tomber tout près de lui. La lettre par laquelle il annonçait la mort du P. Rivière, débutait ainsi :

« MON RÉVÉREND PÈRE PROVINCIAL,

« Notre Mission du Zambèze a subi jusqu'à ce jour de bien rudes épreuves. Nous avons vu succomber, en moins de deux années, de nombreux et zélés Missionnaires, les PP. Heep, Moulinard et Viérin, le frère Dooling ; leur absence se fait rudement sentir dans cette partie de Mission, où des millions de pauvres païens se perdent, faute d'instruction. Et voilà qu'à tant d'épreuves est venu s'ajouter, le 19 juillet dernier, celle de la perte inopinée du cher P. Joseph Rivière. A peine arrivé sur le champ de combat, le nouveau soldat de Jésus-Christ a été jugé digne de la couronne de gloire. Les survivants, encore

sous l'impression de cette triste mort qui les a vivement émus, ne pourront que s'écrier : « Dieu nous
« l'avait donné, Dieu nous l'a ôté ; que son saint
« nom soit béni ! »

Quelques jours après, le même Père, envoyant
à M. le Curé de Vinsobres le récit des derniers
moments du P. Rivière, terminait par quelques
détails sur sa position personnelle. Bien qu'étrangers
à notre cher défunt, ces détails nous ont paru de
nature à intéresser les amis de la Mission du
Zambèze. C'est à ce titre que nous les reproduisons.

« Et moi, je reste le seul gardien de ces deux
tombées vénérées (des PP. Moulinard et Rivière).

« Ma position, naturellement parlant, n'est pas
gaie, elle n'a rien de bien agréable.

« Il y a neuf mois déjà que je me trouve *seul prêtre*
dans ce pays sauvage, au milieu d'un peuple barbare
et dégradé, séparé de mes confrères, à plus de cent
vingt lieues de distance, dans l'intérieur de l'Afrique
australe.

« Jusqu'à présent, ceux qui devaient être mes compagnons de bonne ou de mauvaise fortune ont été
moissonnés de bonne heure. A bientôt mon tour !...

« Les fièvres nous tuent ; les plus robustes y
passent les premiers. Et puis nous manquons de tout.
Il faut se réduire à un nouveau régime de vie qu'un
estomac de cafre peut seul supporter.

« Le climat est des plus capricieux. Les change-
ments brusques de température mettent continuel-
ment en danger les plus fortes santés.

« Nos païens du Zambèze vivent comme des troupeaux de brutes, sans foi, sans loi, sans amour, sans énergie, si ce n'est pour le mal. Ils n'ont vraiment d'autre Dieu que leur ventre, d'autre morale que l'impudicité, le vol et le mensonge.

« Mais, vive Dieu ! Notre sacrifice est fait ; il est sans repentir !

« En face des souffrances, de la fièvre et de la mort, je redis gaiement les paroles de l'apôtre : « *Je surabonde de joie au milieu de toutes nos tribulatious.* » Je ne changerais pas mon héritage pour tous les trésors du monde.

« Je voudrais même, recueillant le peu de forces qui me restent, m'enfoncer dans ces immenses royaumes où le démon domine en souverain et aller arracher à l'enfer ces milliers de victimes, qui se perdent faute de connaître la véritable vie, Notre-Seigneur Jésus-Christ.

« Pour le moment nous ne pouvons que prier, souffrir et appeler à notre aide de nouveaux compagnons. *Messis multa... operarii pauci.*

« Cependant, avec du zèle et de la patience, on arrive à faire quelque bien.

« J'ai instruit et baptisé une vingtaine d'adultes ; d'autres, en assez grand nombre, sont inscrits comme catéchumènes. »

De nombreuses lettres de ses confrères et de ses Supérieurs vinrent apporter au P. Courtois les consolations dont son cœur avait besoin. Nous nous bornerons à en mentionner deux. Aussi bien les sentiments qu'elles expriment nous semblent la meilleure conclusion à donner à cette notice.

Lettre du R. P. Clairet au P. Courtois.

« Rome, 13 octobre 1883.

« MON RÉVÉREND ET CHER PÈRE,

« J'ai reçu en même temps vos deux lettres du 19 et du 31 juillet, me parlant du voyage, de la maladie et des derniers moments du bon P. Rivière. Que vous dirai-je, mon cher bon Père, de ces morts successives et à intervalles si rapprochés, de nos chers et vaillants missionnaires, sinon que le bon Dieu a coutume de marquer du signe rédempteur de la croix, les œuvres qu'il reconnaît pour siennes, et qui doivent procurer sa gloire et sauver les âmes. J'avais connu ce bon P. Rivière à l'Ecole apostolique d'Avignon et il m'avait confié, à cette époque, le soin de son âme. Je puis dire que, dès lors, on voyait en cette âme d'enfant, les germes des vertus qui s'étaient épanouies plus tard au Scolasticat et en Afrique, et qui donnaient tant d'espérances à la mission du Zambèze. Dieu n'a pas voulu leur donner la fécondité extérieure que nous attendions tous, *sit nomen Domini benedictum!*

Lettre du P. Dejoux au P. Courtois.

« Votre lettre et les tristesses qu'elle contient m'ont rendu malade!... Heureux P. Rivière! mais malheureuse Mission! Que dis-je, malheureuse Mission, non! elle est dans son rôle providentiel. Le salut ne s'est opéré jusqu'à présent, et la foi ne s'est répandue que par le sacrifice! Notre-Seigneur n'a pas changé de méthode; consolons-nous donc, réjouissons-nous même. Notre chère Mission est en bonne voie; elle porte visiblement le sceau du Maître! »

Enfin, nous ne saurions mieux terminer que par les réflexions suivantes du P. Rivière lui-même, à l'un de ses amis :

« Je le sais, partout les premiers missionnaires « travaillent, souffrent et meurent sans consolation; « mais leur sueur et leur sang fécondent les champs « stériles et préparent pour leurs successeurs une « moisson abondante. »

APPENDICES

APPENDICE I.

EXTRAITS DE LETTRES DU P. RIVIÈRE.

Lettre du P. Rivière aux apostoliques d'Avignon.

Saint-Bennos, 10 janvier 1881.

MES BIEN CHERS FRÈRES APOSTOLIQUES,

EN réponse à votre aimable lettre-circulaire aux anciens de l'École, permettez à l'un d'eux qui sera bientôt sur le Zambèze, de vous envoyer quelques nouvelles sur notre Mission. Ces pages, je le sais, vous les entendrez lire avec plaisir; aussi bien, le temps que va me demander leur rédaction ne saurait mieux être employé.

Avant tout, précisons la position. Prenez une carte d'Afrique, tracez une ligne sur le 10e de latitude entre le 20e et le 40e de longitude, descendez jusqu'au tropique du Capricorne et faites de même, voilà à proprement parler la Mission, bien que les autres maisons de nos Pères, situées dans la colonie du Cap, lui appartiennent.

La Mission n'appartient à aucune Province, elle est sous la main immédiate de Notre Très Révérend Père Général; c'est le P. Weld, assistant d'Angleterre, qui organise les voyages, reçoit les sujets, il est pour ainsi dire le Provincial actuel de la Mission.

Elle a été fondée depuis deux ans; déjà elle compte soixante Pères, scolastiques ou Frères Coadjuteurs. En ce moment, nos Novices sont, soit en Belgique, soit en Angleterre, mais dans deux mois ils vont tous partir pour le Cap et de là pour Grahamstown, où se prépare le scolasticat de la Mission; après leur noviciat, les Novices seront désormais embarqués directement pour la Mission. De ce nombre seront les FF. André et Torrend, que plusieurs d'entre vous ont connus.

Durant ces deux années, quatre postes ont été fondés aux environs du Zambèze. Je ne vous parle pas des épreuves de nos Missionnaires qui, les premiers, ont ouvert la voie. Vous recevrez bientôt un opuscule où les détails de leur pénible voyage vous seront racontés, si vous ne les avez déjà lus, soit dans les *Missions catholiques*, soit dans les lettres des scolastiques d'Aix. Qu'il vous suffise de savoir que le centre de nos opérations est dans la tribu des Matabélès, à Gubulawayo, leur capitale, où leur roi, Lo Bengula, a reçu nos Pères avec beaucoup d'affabilité.

C'est ici que je commence mon récit. Une fois

installés dans cette vaste tribu, le P. Depelchin se prépara à partir pour le Nord, c'est-à-dire à traverser le Zambèze, tandis que le P. Law devait aller à l'Est, dans une direction opposée et sur les terres appelées autrefois le Monomotapa.

Le P. Depelchin se mit en route, le 16 mai, avec un Père et trois Frères Coadjuteurs. « C'est maintenant, dit-il, dans une de ces lettres, que les grands obstacles vont se dresser devant nous. Jusqu'à présent nous n'avons, pour ainsi dire, voyagé qu'en pays civilisé, nous étions du moins suivis de nos chariots. Mais, dorénavant, nous allons apercevoir les plus mauvais côtés de nos Missions africaines. A dix journées d'ici, il nous faudra abandonner nos chariots, à cause de la mouche tsetsé dont la piqûre tuerait infailliblement nos bœufs. Nous devrons cheminer à pied et nous confier à des guides et à des porteurs noirs. Mais que n'avons-nous pas à attendre des exigences, des caprices et du mauvais vouloir des portefaix africains? A mesure que nous descendrons les montagnes des Matabélès pour nous approcher du Zambèze, nous aurons à traverser des plaines marécageuses, des forêts impénétrables, où la fièvre règne en souveraine; jeûnes prolongés, marches forcées, nourriture grossière, les privations de tout genre ne nous manqueront pas. Aussi, toute notre confiance est en Dieu seul. »

Or, depuis le 16 mai, le P. Depelchin a complètement disparu dans les déserts de l'Afrique; depuis six mois, nos Pères établis chez les Matabélès n'ont reçu de lui aucune nouvelle. Des messagers nègres ont donc été expédiés à sa recherche au commencement de novembre dernier. En Europe, nous ne savons rien encore du résultat de l'expédition.

La caravane du P. Law se mit en route un peu plus tard pour le pays du roi Umzila; elle avait à parcourir un trajet de cinq cents kilomètres.

La première partie du trajet se fit sans encombres, au milieu d'un pays coupé de mille rivières. Après avoir quitté le territoire des Matabélès, nos voyageurs entrèrent dans celui des Mashonas, ennemis de ces derniers.

Ici tout change de face. Une bande de Mashonas, ayant aperçu le wagon, se précipite sur la caravane; en un instant, les guides et les noirs, attachés aux Pères, sont dispersés; les seize bœufs et les chariots, cotonnades, chapelle, pharmacie, armes à feu, tout est enlevé; ils dépouillent les Missionnaires de leurs vêtements et de leurs chaussures et les abandonnent ainsi au milieu du désert, aux injures de l'air et aux horreurs de la faim. Que faire? Impossible de reculer. Le P. Law et ses compagnons se dirigent la nuit sur les étoiles et le jour sur le soleil. Deux jours se passent sans nourriture et sans rencontrer un être humain. A la fin, épuisés de fatigue et les pieds ensanglantés, ils sont rencontrés par des messagers Matabélès, envoyés par le roi Lo Bengula chez Umzila, où les Pères se rendaient. Les noirs leur donnent à manger et les chargent sur leurs épaules. Arrivés au

Kraal du roi, celui-ci, les voyant pauvres et malheureux, refusa de les recevoir et ne voulut pas même
leur donner des vivres. Mais les messagers Matabélès
vinrent à leur aide. Deux jours après ils se préparèrent
à retourner chez eux et engagèrent le P. Law à les
accompagner. Celui-ci refusa en leur disant qu'il était
envoyé par Dieu et ses Supérieurs. Le roi consentit
enfin à les nourrir jusqu'à ce que des secours leur
arrivâssent. Voilà le récit, non du P. Law lui-même,
mais des messagers Matabélès, auxquels on peut
ajouter foi. A cette nouvelle, dit le P. Croonenberghs,
attaché au poste de Gubulawayo, je m'empressai de
préparer un wagon avec des habits et des vivres, et
j'espère que, dans une quinzaine de jours, nos
pauvres Pères seront ravitaillés.

Vous trouverez la suite, dans les *Précis historiques*,
numéro de novembre, que je vous envoie.

Extraits de lettres du P. Rivière à sa Bienfaitrice.

Saint-Bennos, 12 mars 1882.

MADAME ET CHÈRE BIENFAITRICE,

Voici quelques notes sur la Mission du Zambèze,
confiée, en 1877, à nos Pères par la Propagande :
« Depuis la fondation de la Mission, soixante-

quinze de nos Pères ou Frères se sont donnés à l'œuvre. La dispersion de nos maisons de France est un de ces coups que la Providence a ménagés pour la plus grande gloire de Dieu. Nos Pères ont déjà fondé cinq stations, en plein pays sauvage, trois autres sont en préparation.

« Présentement, il ne faut pas parler de conversion, à moins que le Ciel nous envoie un nouveau Xavier; nos futurs paroissiens ne connaissent pour le moment que la vie animale; c'est un nouveau Paraguay à fonder. Avec la grâce de Dieu, on en viendra à bout.

« Des six premiers missionnaires, trois sont déjà morts, l'un de fatigue, l'autre de la fièvre, l'autre, dit-on, empoisonné par les sauvages. Trois autres, sur un autre point de la Mission, ont eu le même sort. C'est ce que nous appelons mettre du bois au feu; pour un qui meurt, dix se présentent! »

10 juillet 1882.

Les dernières nouvelles de la Mission (du Zambèze), sont une série de malheurs, pour parler humainement. Une nouvelle caravane quitte le Sud de l'Afrique pour l'intérieur avec trois chariots; un jour, après la halte accoutumée, un des Frères Coadjuteurs se dirige vers le « fleuve des Crocodiles », et il se noie, emporté par le courant. —

Quelques semaines après, on traversait un torrent desséché, le chariot qui portait le P. Depelchin perd l'équilibre, il se renverse ; une lourde caisse tombe sur le Père et lui brise la jambe. Enfin, un peu plus loin, un messager arrive et annonce que le Père qui desservait la prochaine station venait de mourir : Son cheval, en se cabrant, l'avait jeté au loin et il était mort sur le coup.

Pour répondre à ces pertes, cinq autres Missionnaires viennent de s'embarquer. Le volume en question (1), vous dira en détail la manière de voyager dans ces pays, le caractère et les mœurs de nos futurs paroissiens ; nous, les premiers semeurs de ces terres africaines, nous ne verrons pas le jour de la moisson ; à moins que, par une faveur spéciale, nous n'échappions aux accidents, à la fièvre et aux mille maladies de ces contrées insalubres ; mais tant que les Jésuites qui sont par le monde, auront des bras et des poumons, le Zambèze aura des Missionnaires, dûssions-nous tous y mourir jusqu'au dernier...

Depuis ma dernière lettre, rien de nouveau de l'Afrique australe, si ce n'est l'arrivée à Quilimane, à l'embouchure du Zambèze, d'une caravane de Pères français.

Deux s'établiront à Quilimane. Les autres pousseront dans l'intérieur des terres jusqu'à Tété, située

(1) *Précis historiques*. Bruxelles. — *Trois ans dans l'Afrique australe*, 2 vol., grand in-8°.

sur le fleuve même. C'est une nouvelle porte pour pénétrer dans la Mission. Si, comme on l'espère, l'on réussit à établir des communications pas trop difficiles avec les Missionnaires du Haut-Zambèze, ce sera un grand avantage. Deux de ces Pères étaient autrefois mes compagnons d'apostolat en Kabylie. Un autre Père s'est embarqué, la semaine dernière, à Lisbonne pour les rejoindre. Remarquez qu'avant la suppression de la Compagnie, au siècle dernier, nos Pères occupaient tous ces endroits; nous ne faisons donc que reprendre nos anciens postes de Missions, sous la protection du gouvernement *franc-maçon* portugais; aujourd'hui on nous caresse, parce que le Portugal a besoin de l'influence morale des Missionnaires pour relever cette colonie; mais gare à plus tard! Heureusement, nous sommes Français, et si, d'ici à vingt ans, nous avions, de part la miséricorde de Dieu, *un gouvernement*, il n'y aurait rien à craindre, car nous serions protégés.

L'entretien seul des soixante-quinze membres de la Mission *coûte* plus de cent mille francs par an. Depuis 1878, époque de la fondation de la Mission, nous avons fondé dix postes, tous rayonnant au centre de l'Afrique par le Sud et l'Est.

APPENDICE II

AU moment où cette notice va sortir des presses, nous arrivent du Zambèze des nouvelles, humainement parlant, bien tristes.

Deux autres Pères, le P. Petidy et le P. Gabriel, supérieur des stations du Bas-Zambèze, viennent de succomber victimes de leurs fatigues et de l'inclémence du climat. Le P. Dejoux est gravement malade et le P. Courtois lui-même, si vaillant jusqu'à présent, serait, dit-on, assez dangereusement atteint.

Tant d'épreuves, néanmoins, n'ébranlent point les Missionnaires. L'un d'eux, le F. Perrodin, apostolique des écoles de Dôle et d'Avignon, nous écrit de Grahamstown, dans la colonie du Cap, à la date du 30 octobre.

« Le P. Gabriel vient de mourir sur le chemin de Zumbo. C'est le dix-huitième depuis le début de la mission (1878), qui succombe sous les travaux de l'apostolat.

« Malgré tout, la mission du Zambèze est la

mission enviée des aposloliques. Je ne m'en étonne pas : c'est la mission du Sacré-Cœur. Elle lui a été tout particulièrement consacrée. C'est aussi la mission, présentement, peut-être la plus éprouvée. Il y a bien là de quoi exciter le courage des âmes généreuses.

« Cette mission est pleine d'avenir. Dans deux ou trois ans, quand nous serons maîtres des langues des indigènes, oh! que la moisson sera abondante! Il y aura trop peu d'ouvriers pour la recueillir.

« Sans parler de l'intérieur, rien que dans la colonie du Cap, que de bien à faire! Hier, j'ai fait une promenade avec quatre autres apostoliques dans un village cafre. Jamais je ne m'étais figuré une population aussi misérable que celle-là. Ce village renferme 4,000 habitants. Une hutte, comme celle des pourceaux, dans nos montagnes, voilà la demeure d'une famille de cinq à dix cafres. Ils ont à peine une bande de misérable étoffe pour se couvrir; quant aux petits négrillons, ils n'ont pas l'ombre d'un vêtement. Cela fait pitié de les voir en cet état sous un soleil brûlant.

« Le P. Cordier va tous les jours faire la classe à une soixantaine de ces petits. Imaginez-vous ce qu'il y a de plus misérable au monde, vous serez encore au-dessous de la vérité. Croyez-moi : j'ai vu cette misère de mes propres yeux.

« Bien chers Frères de l'Ecole, permettez que je recommande à vos prières ce peuple dégradé de l'Afrique australe. Je ne trouve pas d'expressions pour vous peindre son état d'abrutissement. Je vous l'assure, une promenade au milieu de ces indigènes m'excite plus à la ferveur qu'une longue méditation.

« Pour moi, j'aime beaucoup plus l'Afrique maintenant que jamais. Plaise à Dieu que je puisse me consacrer jusqu'à mon dernier soupir à l'évangélisation de ce pauvre peuple. »

TABLE DES MATIÈRES

Le Puy. — Imp. J.-M. Freydier, Prades-Freydier, successeur.

www.ingramcontent.com/pod-product-compliance
Lightning Source LLC
Chambersburg PA
CBHW072025080426
42733CB00010B/1819

9 782012 570559